Sudoku

FOR

DUMMIES®

VOLUME 3

by Andrew Heron
and Edmund James

JOHN WILEY & SONS, LTD

Sudoku For Dummies, Volume 3

Published by
John Wiley & Sons, Ltd
The Atrium
Southern Gate
Chichester
West Sussex
PO19 8SQ
England

E-mail (for orders and customer service enquires): cs-books@wiley.co.uk (in the U.K.) or
consumers@wiley.com (in the U.S.)

Visit our Home Page on www.wileyeurope.com (in the U.K.) or www.dummies.com (in the U.S.)

Copyright © 2005 Crosswords, Ltd.

Published by John Wiley & Sons, Ltd, Chichester, West Sussex

For general information on our other products and services, please contact our Customer Care
Department within the U.S. at 800-762-2974, outside the U.S. at 317-572-3993, or fax 317-572-4002.

Wiley also publishes its books in a variety of electronic formats. Some content that appears in print may
not be available in electronic books.

British Library Cataloguing in Publication Data: A catalogue record for this book is available from the
British Library

ISBN-13: 978-0-470-02667-0

ISBN-10: 0-470-02667-7

Printed and bound in Great Britain by Cox and Wyman

10 9 8 7 6 5 4 3 2 1

Table of Contents

Publisher's Acknowledgements

We're proud of this book; please send us your comments through our Dummies online registration form located at www.dummies.com/register/.

Some of the people who helped bring this book to market include the following:

Acquisitions, Editorial, and Media Development

Executive Project Editor:
Martin Tribe

Executive Editor: Jason Dunne

Commissioning Editor:
Samantha Clapp

Cartoons: Rich Tennant
(www.the5thwave.com)

Composition Services

Project Coordinator: Kristie Rees

Layout and Graphics: Jonelle Burns, Kelly Emkow, Denny Hager, Rashell Smith, Julie Trippetti, Brian Walls

Special Help
Rev Mengle

Publishing and Editorial for Consumer Dummies

Diane Graves Steele, Vice President and Publisher, Consumer Dummies

Joyce Pepple, Acquisitions Director, Consumer Dummies

Kristin A. Cocks, Product Development Director, Consumer Dummies

Michael Spring, Vice President and Publisher, Travel

Kelly Regan, Editorial Director, Travel

Publishing for Technology Dummies

Andy Cummings, Vice President and Publisher, Dummies Technology/ General User

Composition Services

Gerry Fahey, Vice President of Production Services

Debbie Stailey, Director of Composition Services

Introduction

· ·

At the beginning of 2005 sudoku was unheard of for many people. However, a few months later *The Times* and other national newspapers in Britain began printing the puzzles and things went sudoku crazy. Now you can find sudoku in zillions of newspapers, in magazines devoted to sudoku, not to mention in books on the subject – all in a matter of a few months.

Solving the First Puzzle

Sudoku is a numbers puzzle that's been around for longer than anyone would imagine. In its current form, the puzzles consist of a 9 × 9 grid subdivided into nine 3 × 3 grids with a scattering of clues.

New Zealander Wayne Gould noticed sudoku in a magazine while on a visit to Japan and caught the bug. He set about writing a computer program that would generate sudoku puzzles and started to publish them on the Web. On a visit to London in late 2004 he walked into *The Times*'s offices and managed to show the puzzle to their features editor. The rest of the story, as they say, is history.

About This Book

Sudoku mania has caught on like a house on fire and whether you're wondering what it is, are just starting on your first puzzles, or have been working your way through them as fast as you can, this book is for you.

We've included some invaluable hints on the strategy of the game as well as 240 puzzles of varying degrees of difficulty – and their answers, of course.

To give you the best grounding in the rules and strategy of sudoku, we've included a few icons to help you navigate your way through the text:

This icon targets hints and shortcuts to solving sudoku puzzles.

Take into account these important points when working your way through a sudoku puzzle.

Where you see this icon, you'll find information on the technical side of the game. You can skip these bits if you want.

Assuming you've caught the sudoku bug (no medicine required!), you can try your hand at the puzzles in Part II, or head to Part I for tips and tricks on mastering the game. But be warned, here lurks addiction. Make sure the oven is off, get someone to remind you when your station is coming up, and don't forget to pick up the kids from school. Ah, sudoku: the ultimate drug.

What's in a name?

What does sudoku mean? 'Su' is Japanese for 'number' and 'doku' translates as something like 'single' or 'bachelor'. So the name of the game is 'single number'. If that doesn't make sense, thank your lucky stars that we don't use the full Japanese title: 'Suji wa dokushin ni kagiru', which means 'Numbers are limited to bachelors'. Clears everything up, eh?

Part I
Sudoku Strategy

The 5th Wave
By Rich Tennant

"It's Deep Blue. After beating Garry Kasparov in chess we tried feeding it a diabolical sudoku puzzle, and after about an hour the whole thing just crashed."

In this part...

Whether you're a sudoku neophyte or an experienced puzzle solver, understanding the strategy behind the game can only help your solving skills. We cover the basics of sudoku and give you tips and tricks for approaching the puzzles methodically.

Chapter 1

Simplifying Sudoku

• •

*T*his part covers a few of the sudoku-solving ground rules, giving you all the tools you need to approach each puzzle with the best strategy.

Understanding the Rules

A blank sudoku grid like the one in Figure 1-1 consists of a grid of nine rows and nine columns subdivided into nine 3×3 subgrids. Throughout this book we refer to a *square* by its coordinates – row first, then column: 1,3 is the top row, third square from the left and 9,8 the bottom row, 8 squares from the left. We refer to a 3×3 subgrid as a *box*, numbered as shown in Figure 1-1.

Sudoku has two simple rules:

- ✔ **Each column, each row, and each box must contain each of the numbers 1 to 9.**

- ✔ **Therefore, no column, row, or box can contain two squares with the same number.**

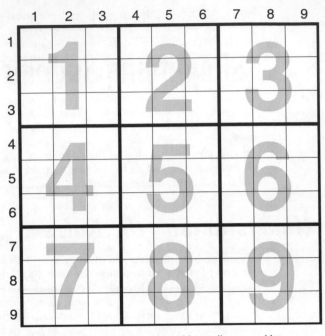

Figure 1-1: A blank sudoku showing grid coordinates and box numbers.

Getting Down to Basics

Each puzzle starts with a set of clue numbers placed on the grid as shown in Figure 1-2.

Logic is all you need to solve a sudoku. No addition, subtraction, division, or multiplication is required. However, you do need to ask yourself questions like 'If so-and-so number is in this column, will such-and-such number go in this other box?' Your answer to these questions will always be either 'yes', 'no', or 'maybe'. When the going gets a little tougher – if you're working on a more difficult puzzle – you may find yourself asking more complex logic questions, but for now let's just stick to the basics.

Use a pencil and eraser. Solving sudoku, especially the more difficult puzzles, requires you to make notes of optional numbers. These notes change as the puzzle progresses, so you need to rub them out where you've solved – or partially solved – any numbers.

6		7	4					
					9		8	6
	9			6		5		
			1		6		4	
7		8				6		1
	3		9		7			
		9		1			6	
8	6		7					
					2	8		3

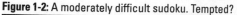

Figure 1-2: A moderately difficult sudoku. Tempted?

Taking the puzzle in pieces

Your first tip to getting started with a sudoku: Don't try to look at the whole grid at first. Take the puzzle in sections, as we've done in Figure 1-3. You could try using a sheet of paper to help blank off the part of the grid you aren't looking at.

Figure 1-3: Look at a sudoku in sections rather than trying to work out the whole puzzle at first glance.

As you can see in the first three columns, you have a 9 in box 1 and a 9 in box 7, but no 9 in box 4. The 9 in column 2 precludes any 9 appearing in column 2 of box 4, and the 9 in column 3 stops a 9 being placed at column 3 of box 4. That means that the 9 of box 4 has to be in column 1, but could appear in either of two squares. We've shown these options as small numbers in the corner of the squares. Throughout this tutorial we indicate these *options* in the same way – as small numbers in the corner of the squares.

Looking at the (slightly) bigger picture

'Well,' you might say, 'looking at one column solves nothing.' But wait . . . By revealing the next column, as in Figure 1-4, you expose a 9 in row 6. Obviously, with a 9 in this row, the option of 9 in box 4 at row 6 has been dis-proved, and the option can be erased. The 9 has to go in the only other available square at row 4, column 1 (or square 4,1). This is our first solved number. Whew! That wasn't so difficult, was it?

Solving for the second number

The fewer empty squares you have in any box, row, or column, the better your chances of proving the empty squares, so look for the most populated rows, columns, and boxes. For example, concentrate on the middle three rows. You have a 6 in box 5 and a 6 in box 6, but no 6 in box 4, so that seems like a good number to focus on.

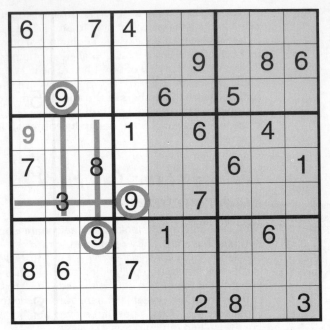

Figure 1-4: Gradually look at more and more of the puzzle for clues, keeping one number in mind.

The sixes in rows 4 and 5 means that the 6 of box 4 must be at either 6,1 or 6,3, so we can pencil in those options. Revealing the rest of column 1 in Figure 1-5, we find a 6 already in that column. So the 6 of box 4 can't be at 6,1 and must be in the only remaining square at 6,3. The second number of our puzzle has been solved.

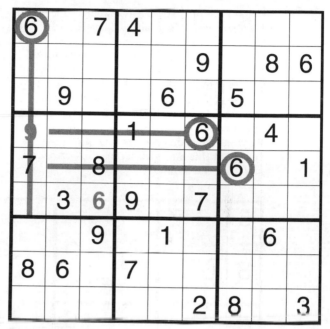

Figure 1-5: Searching for sixes to solve the sudoku.

Incidentally, when we revealed the rest of the grid, did you spot the 6 in column 2? If we hadn't already excluded a 6 from column 2 of box 4 with our sixes at row 4 and row 5, this six would have done the job nicely. Having such a surfeit of riches is rare, but worth pointing out.

Cracking open the first box

Moving on in our exploration of the given clues; look at the 1 in row 4 and the 1 in row 5 in Figure 1-6. Between them they stop any 1 appearing anywhere in box 4 other than in the only square available at 6,1. No pencilling required here, it's the only place for a 1 to go.

Now look at the 4 in row 4. It very nicely stops another 4 from going in box 4 at row 4. Because we've already solved some numbers in this box, only one possible square is left for the 4, at 5,2. Box 4 is filling up quite nicely and we have only the 2 and the 5 left to solve. Either of these numbers could go into each of 4,2 or 4,3. We don't have an obvious way of proving the correct square at this stage from the clues provided, so we're stuck for the moment.

6		7	4					
					9		8	6
	9			6		5		
9			1		6		4	
7	4	8				6		1
1	3	6	9		7			
		9		1			6	
8	6		7					
					2	8		3

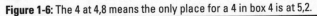

Figure 1-6: The 4 at 4,8 means the only place for a 4 in box 4 is at 5,2.

Before we move on, pencil in the two options of 5 and 2 for both squares: At some stage we'll be able to prove one of the numbers and can solve the box.

We can draw a very important implication from the two unsolved squares: Both contain either 5 or 2 as we have proved, but that must mean that these two squares can be the only place for a 5 or 2, not only in that box, but also for the remaining unsolved squares in that row. Only one 5 and one 2 can be in the row and we've just proved where they are.

What we just discovered are a matched pair of *twins*. A twin is a number that has been proved to appear in either of two squares that helps disprove its presence in another part of the grid. A matched pair can help us solve other problems as the puzzles get harder.

Using your clues

By now, you've probably familiarised yourself with the position of given numbers and can dispense with blocking off parts of the grid, although it's a useful tool when you're concentrating on a specific part of the grid. The 'good' clues eventually start to jump out at you as in Figure 1-7. Here we have a combination of sixes stopping another 6 from appearing anywhere but in 9,4 of box 8. The 6 of this box doesn't really help us to solve any other numbers, so we move on.

We're getting a good handle on the grid in Figure 1-8. The eights aren't helping to solve the 8 of box 6 immediately, but they allow us to note that the 8 could be in 4,9 or 6,9. While the eights don't solve anything immediately, making these observations is always helpful for use at a later stage of solving.

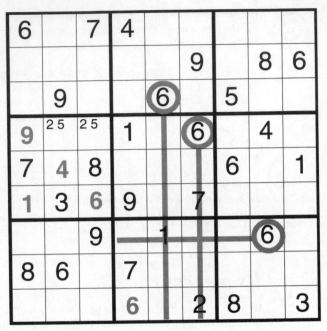

Figure 1-7: Separating out the 'good' clues.

We can still make plenty of observations and solutions from the given clues and those squares that we've already solved. For example, look at the 7 in column 4 and the 7 in column 6. Together with the 7 in row 1 they solve the 7 in box 2.

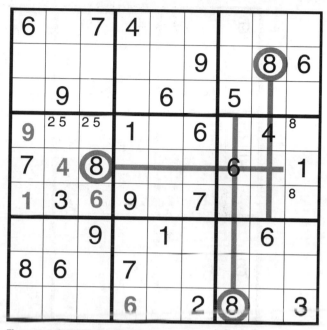

Figure 1-8: Getting a good grip on the grid.

You have enough clues to start solving some numbers for yourself, so here's the grid as far as we've solved it in Figure 1-9. See how much further you can get using the same simple logic that we've used so far.

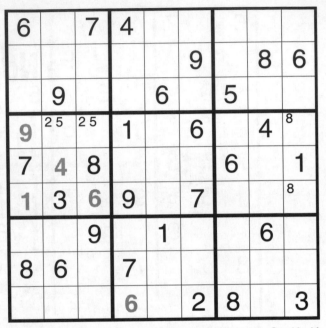

Figure 1-9: You're on your own with the rest of this puzzle. Good luck!

Chapter 2

Taking Sudoku Up a Notch

. . . .

*I*t's time to start being methodical in our solving and we have to get serious about discovering the secrets of each individual square. Depending on the grade of difficulty of the puzzle you have to decide whether to simply bite the bullet and write in all the options for every square right now, or take it gradually box-by-box (or row-by-row or column-by-column). As this puzzle is only of moderate difficulty, we're going to take this discovery process gradually.

All the options for the squares of box 6 have been noted in Figure 2-1. We found them by asking at each square 'Will such-and-such number go here?' from 1 through to 9 while checking to see if that number is already in its box, row, or column. Try doing the exercise to check the numbers for yourself (we're not perfect, you know!).

We've already proved that at 4,7 and 4,9 neither 2 nor 5 can appear because of the pair of twins in box 4 that have already fixed their position.

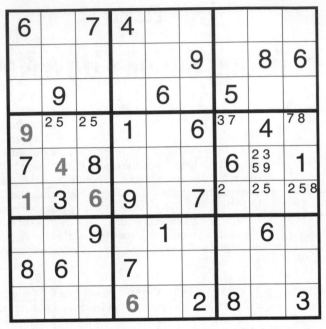

Figure 2-1: Taking a stab at box six.

Singling Out Lone Numbers

Look at the bottom left hand square of box 6 and you see that the only number that can go into that square is a 2. You don't have any clues around in the rows or columns that might indicate that a 2 is the solution to that square, and only by eliminating all the other options could we work out that the 2 goes in 6,7. We call this discovery of a number by a process of elimination a *lone number*.

The second result of solving that 2 in 6,7 is that all other optional twos in that box, row, and column may now be eliminated. The new situation is illustrated in Figure 2-2. Having removed all the optional twos, to the right of the solved 2 you can see that the 5 is on its own – another lone number solved. Solving the 5 (so all the optional fives are removed) leaves the 8 on its own in 6,9 and solved, and then go the optional eights, leaving a lone 7 at 4,9 and so on. Carry on this process as far as you can with this square. Think about the 3 and the 9 at 5,7. What can you conclude, although there appear to be two options in that square?

6		7	4					
					9		8	6
	9			6		5		
9	26	26	1		6	37	4	78
7	4	8				6	359	1
1	3	6	9		7	2	5	58
		9		1			6	
8	6		7					
			6		2	8		3

Figure 2-2: Solving for lone numbers.

When you've finished your number-fest in that square, check the consequences of solving those numbers in the associated rows, columns, and boxes. We hand the puzzle in Figure 2-3 over to you for solving as far as you can, using the techniques and strategies you've picked up so far.

6		7	4					
					9		8	6
	9			6		5		
9	²⁵	²⁵	1		6	³⁷	4	⁷⁸
7	4	8				6	³⁹	1
1	3	6	9		7	2	5	⁸
		9		1			6	
8	6		7					
			6		2	8		3

Figure 2-3: Try your hand at this puzzle, keeping an eye out for lone numbers.

Serious Sudoku Solving

Figure 2-4 demonstrates not only a number of sudoku principles discussed elsewhere in this part, but also challenges you to look beyond the obvious. Consider the number 4:

- ✔ The fours in columns 1 and 3 and the 4 in square 9,5 preclude a 4 going anywhere in box 7 except 7,2 or 8,2.

- ✔ Because row 8 is full in box 9, the 4 in box 9 will have to go in row 7 – so the 4 in box 7 has to be in row 8, at 8,2.

- ✔ The 4 in square 5,8 precludes a 4 from going anywhere else in column 8. This means the 4 in box 9 cannot go at 7,8, and since the 4 at 9,5 precludes the 4 from going anywhere in that row in box 9, leaving only 7,9.

You should see another 4 to solve very easily in the middle three columns.

You will always have another set of three unresolved numbers, due to the symmetry of sudoku. The unresolved numbers are always worth checking to see if they can help to force the resolution of a number.

Two unresolved numbers in a square serve just as well as a solved number if we know that the number can only go in one of these squares. In sudoku jargon, these lines of unresolved numbers are called *twins* and *triplets*.

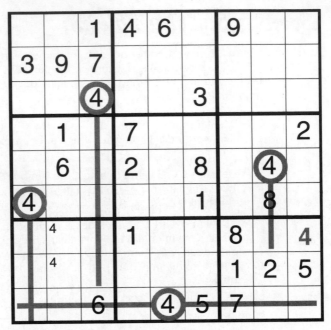

Figure 2-4: Look beyond the obvious.

Extraneous Options

Let's look at some solving strategies for the more difficult grades of sudoku. For these schemes to work you must have meticulously discovered all the options for every unsolved square in the grid. We discussed this earlier, when we looked at the options of a single box, and the method is the same: Look at each square and ask the question 'Can such-and-such number go in this square?' for each number 1 to 9.

As shown in Figure 2-5, many of the squares have already been solved, but some remain with their pencilled options. Every option seems to have an alternative square that it might go in. So how do we move on? With logic, of course.

2 8	2 8	1	4	6	7	9	5	3
3	9	7	5 8	5 8	2	4	1	6
6	5	4	9	1	3	2	7	8
5 8	1	3 5 8	7	3 5 8	4	6	9	2
7	6	3 5 9	2	3 5 9	8	3 5	4	1
4	2 3	2 3 5 9	6	3 5 9	1	3 5	8	7
5 9	7	3 5 9	1	2	6 9	8	3 6	4
8 9	4	3 8 9	3 8	7	6 9	1	2	5
1	2 3 8	6	3 8	4	5	7	3	9

Figure 2-5: Looking at the options – narrowly.

Using a mask helps to concentrate on column 4. If we look at box 8 there are two sets of options, but we need to look at the pair of 3 and 8 at 8,4 and 9,4. And here's a little magic for you: In that box we have discovered that the 3 or the 8 must go in either of the squares at 8,4 or 9,4 although we don't know which way around. But if that's true, then these two squares must be the only two squares to contain these numbers in this column as well. So we now know that the 8 in that column cannot be at 2,4 with the 5. That only leaves the 5 in that square, so it is solved and as a consequence the 8 in box 2 must be at 2,5.

What we discovered was a *matched pair*, and these can help to solve the stickiest of problems. Sometimes you might see a pair such as 3 8 9 and 3 8 in a box, row, or column. If the 9 is somewhere else in the options of that element (it would have to be, otherwise it's the 9 for that element) then you can remove it from the 3 8 9 group. Why? Because we know that those two squares are the only squares for a 3 or an 8: If a 3 is in one square and an 8 in the other there's no room for the 9. In the lingo, that's called a *hidden matched pair*. In Figure 2-5 our matched pair eliminated just one 8, but sometimes such a matched pair can get rid of large numbers of extraneous options.

Probably the most difficult construct to get your head round is a step up from matched pairs where three numbers share three squares in a box, row, or column. The same principle applies: The three squares must contain the three numbers exclusively. For example, if the three numbers are 2, 5, and 9 they may appear in the options of an element as, say, 2 5, 5 9, 2 5 9 or 2 5, 2 5 9, 2 5 9, or simply 2 5 9, 2 5 9, and 2 5 9.

Look at column one in the left side of Figure 2-6. The fourth, seventh, and eighth squares must be filled by the numbers 5, 8, or 9. Following the rule of three numbers, 5, 8, and 9 can be in those squares only and nowhere else in the column, so the first square in the column must be 2. And if the number in 1,1 must be 2, the number in square 1,2 must be 8, as the right side of Figure 2-6 shows. While this example eliminated only a single option, you can usually cull more with this method.

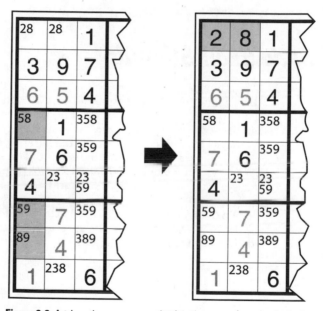

Figure 2-6: A trio – three squares sharing three numbers exclusively – in column one (left) means 1,1 must be 2 and 1,2 must be 8 (right).

The strategies for solving sudoku thus far allow you to solve all but the most difficult and extreme sudoku.

The more difficult constructs and strategies are best learned by practice. The more sudoku you solve the easier it becomes. Twins, triplets, and pairs pop out at you all over the place. And when they don't, you'll be able to find help on one of the many Web sites and sudoku forums that have been set up just for sudoku solvers. Two of the best are www.sudoku.com and www.sudoku.org.uk.

Sudoku on Steroids

If you thought some of the 9 × 9 sudoku were difficult, this volume contains a few puzzles with 16 × 16 grids to blow your mind. As you'd expect, the rules for the 16 × 16 puzzles – which begin on page 251 – are slightly different. As well as numbers, you must use the letters A to G. Each of the numbers 1 to 9 and the letters A to G must go in each row, each column, and each 4 × 4 box. Figure 2-7 demonstrates a completed 16 × 16 grid.

Don't panic. All the strategies used in 9 × 9 sudoku work in 16 × 16 puzzles, and you'll be surprised how quickly you become familiar with the extra characters.

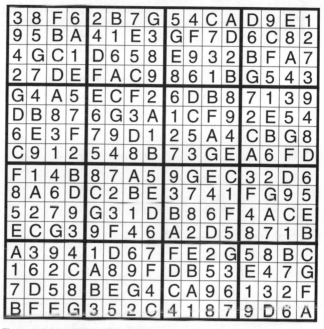

Figure 2-7: Use the numbers 1–9 and the letters A–G for 16 × 16 puzzles.

Sudoku in the Round

If you're getting square eyes from doing regular sudoku, we've got some relief for you in the form of circular sudoku, sometimes called *target sudoku*. The target sudoku in Figure 2-8 is a 4-ring circle. Think of the puzzle as a big pie cut into eight slices, each slice with four bites. Your goal is to place a number into each bit of pie (so four numbers to a slice) so that every two adjacent slices contain all of the numbers from 1–8. Every ring also must contain all the numbers 1–8.

Every other slice contains the same numbers – but not in the same order, because every number must be represented in every ring.

If you're ready to tackle these tasty sudoku, the puzzles start on page 261. You'll also find a 3-ring puzzle, for which you use the digits 1–6, and 5-ring puzzles, for which you use the digits 0–9, of various difficulty levels to tempt you.

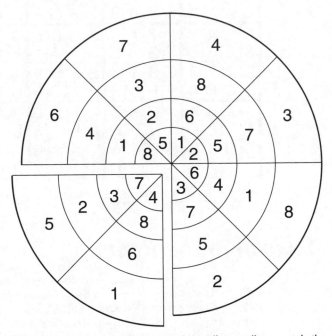

Figure 2-8: In a circular sudoku, every two adjacent slices contain the digits 1–8.

Part II
Sudoku Puzzlemania

The 5th Wave   By Rich Tennant

They're moving on to the diabolical sudokus. That should daze and confuse them enough for us to finish changing the tire and get the heck out of here.

SUDOKU Book Publishers

In this part...

*I*f you're looking for some puzzle-solving fun, this is the part for you. We've included 240 puzzles of increasing difficulty to try your hand at. Start with the first one to ease yourself in, or jump in at the end if you're feeling confident about your sudoku solving abilities. Either way, we wish you luck, and happy solving!

Easy Does It

		3		9			1	
6	7							2
	4				1	3	7	
	5			2				
	6		3		4		5	
				1			8	
	2	6	5				9	
9							2	5
	1			3		7		

Puzzle 1: Easy

	9	1				3	5	
			4		8			
6	7						8	9
		7	2		1	4		
3								1
		2	9		3	5		
1	8						3	7
			3		9			
	4	3				1	9	

Puzzle 2: Easy

				2				8
7				3	5			
		6	8		4			5
	2	3				6		
9	6						2	1
		4				8	3	
1			6		8	2		
			2	9				7
4				5				

Puzzle 3: Easy

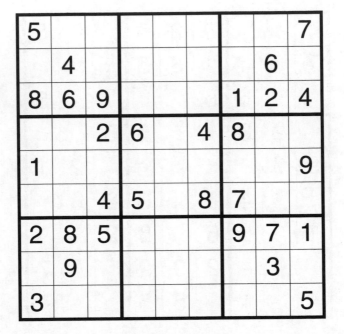

Puzzle 4: Easy

1			8		9			3
	3		2		7		1	
4								2
		8	1		6	7		
		6	5		3	2		
6								9
	5		3		2		6	
7			4		5			8

Puzzle 5: Easy

6					2	8		
			3			9	7	6
			4		6			1
2	5						8	
		8				3		
	4						1	9
7			6		8			
9	3	5			1			
		4	7					5

Puzzle 6: Easy

3			5				1	2
9				1				
1			8	4	6	7		
6	9						2	
				5				
	4						8	7
		9	2	8	4			6
				7				8
4	8				5			3

Puzzle 7: Easy

6	2						9	1
			6		3			
5	4						8	3
		4	8		6	2		
	1						6	
		5	2		4	1		
4	9						7	8
			7		9			
7	3						1	5

Puzzle 8: Easy

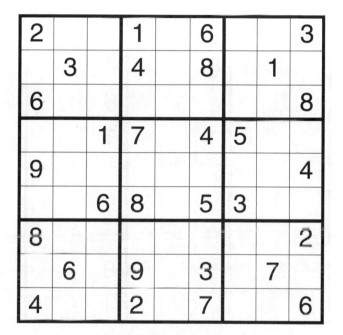

Puzzle 9: Easy

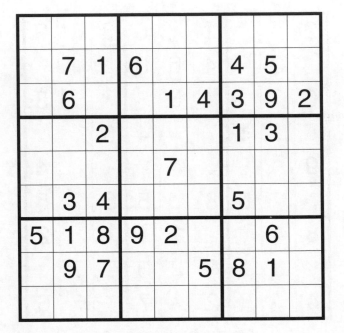

Puzzle 10: Easy

	5		2			8		
	1			6		2		
6				3			1	
9	7	5						
2		8				9		3
						6	7	5
	4			1				2
		1		2			9	
		9			7		6	

Puzzle 11: Easy

7			4					3
	8		1		5			7
	9	3	2		8			4
							8	
		5				3		
	7							
8			3		2	7	6	
2			8		9		5	
5					4			8

Puzzle 12: Easy

		8		9	3			5
	3	1			8		9	6
	6							
								4
4		6	8		5	2		3
3								
							7	
1	7		4			6	2	
6			1	2		4		

Puzzle 13: Easy

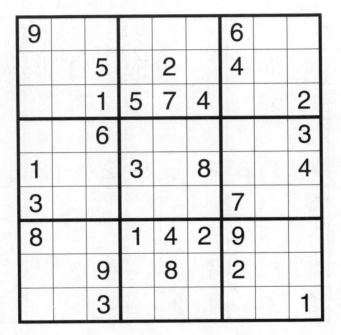

Puzzle 14: Easy

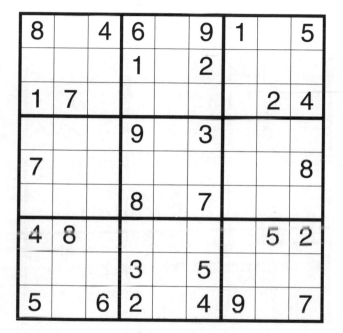

Puzzle 15: Easy

	8		2		6		7	
		5				2		
4	2						8	3
			7	3	8			
9								8
			4	9	2			
1	4						3	9
		8				4		
	3		8		7		6	

Puzzle 16: Easy

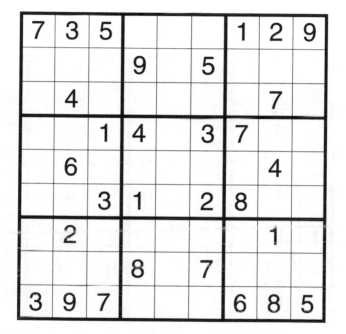

Puzzle 17: Easy

8	1				4			
5		3			6		2	
								7
	6		2			4	9	
		7	5		9	2		
	5	2			1		3	
1								
	4		6			8		2
			1				4	6

Puzzle 18: Easy

		6	9		1		2	5
			8			3		1
				5	3			
	1					6		2
		7				5		
8		9					3	
			3	7				
3		1			9			
2	8		6		5	7		

Puzzle 19: Easy

		2	9		7	5		
	8			6			2	
1		3				4		9
		4	3		6	8		
		9	2		8	1		
2		6				7		5
	5			4			3	
		1	7		2	6		

Puzzle 20: Easy

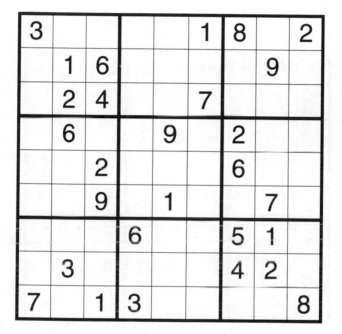

Puzzle 21: Easy

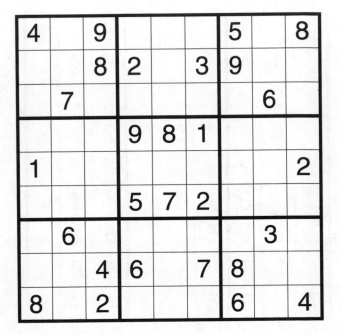

Puzzle 22: Easy

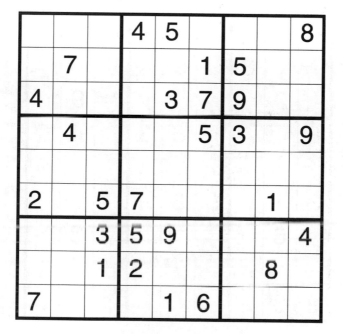

Puzzle 23: Easy

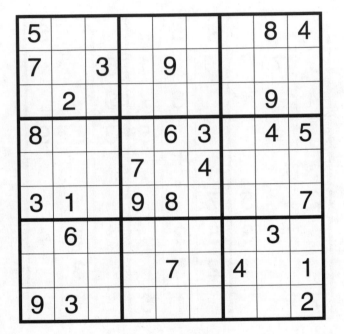

Puzzle 24: Easy

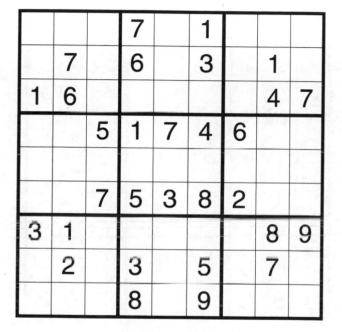

Puzzle 25: Easy

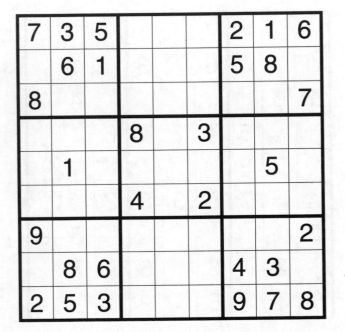

Puzzle 26: Easy

		6		2			1	
			3				4	
	4					5		6
	9		7	3				
7		8	4		6	3		1
				8	5		6	
1		4					2	
	3				8			
	6			5		7		

Puzzle 27: Easy

	4		9		7		8	
	7						5	
6		1				4		9
		9	8		6	5		
	6						4	
		2	4		9	6		
8		5				2		4
	2						3	
	1		2		8		9	

Puzzle 28: Easy

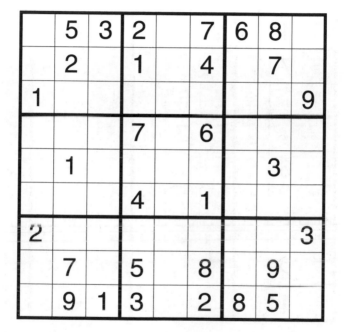

Puzzle 29: Easy

3			2				1	
6					1	7		4
4			8	3				
			5	2				1
		8				4		
5				7	8			
				6	9			8
7		1	4					9
	9				2			5

Puzzle 30: Easy

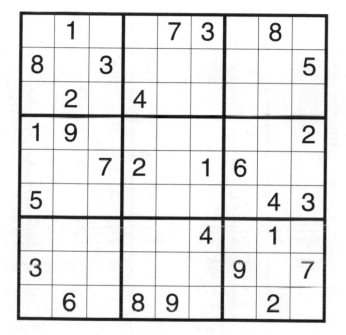

Puzzle 31: Easy

5			2		8		6	
		4	9		6	3		
	1						2	
		9	8		2	5		
	2							4
		8	3		4	9		
	3							5
		2	5		1	8		
	8		4		7		9	

Puzzle 32: Easy

		2	6		7	9		
			9		8			
9	3						2	6
		4	5		3	2		
	1						4	
		5	8		2	6		
1	4						9	2
			4		6			
		7	2		1	3		

Puzzle 33: Easy

	4					1		
					3			9
				6		3	7	4
5		6	7	9		2	1	
				2				
	2	9		3	8	6		7
3	6	2		4				
1			2					
		7					8	

Puzzle 34: Easy

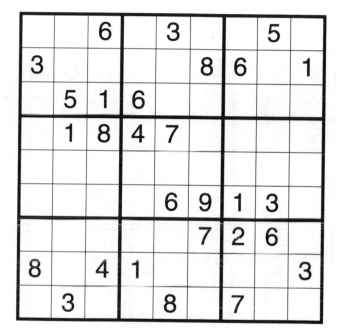

Puzzle 35: Easy

1	6		4		3			9
	4		9				8	
							4	
5				2				6
		7	1		5	2		
3				9				4
	2							
	3				4		5	
7			8		6		1	2

Puzzle 36: Easy

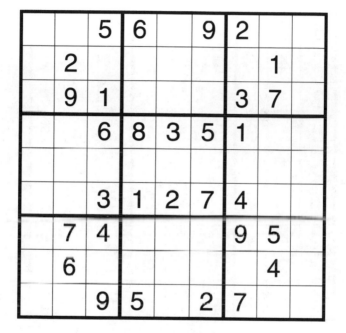

Puzzle 37: Easy

8		6				5		2
			9		2			
2								7
		3	5		1	7		
5	1						6	8
		2	4		8	3		
3								5
			1		9			
6		4				8		3

Puzzle 38: Easy

				5	4		1	
		3			6			9
			2					4
	3	2			8			1
	5	1				2	9	
6			1			7	5	
8					7			
5			3			6		
	1		8	2				

Puzzle 39: Easy

8			6		9			5
	6		5		2		4	
7								2
		7	9		5	6		
9								4
		3	8		7	5		
4								8
	1		7		4		3	
5			2		8			6

Puzzle 40: Easy

	6	8	9		4	3	2	
		2				7		
1	9						6	4
			7	4	8			
				1				
			5	2	3			
3	5						8	6
		1				9		
	8	7	1		6	2	3	

Puzzle 41: Easy

		6	4		8		3	5
			9			8		1
				7	6			
	3					1		6
		7				4		
8		9					5	
			5	9				
3		8			2			
5	4		1		3	6		

Puzzle 42: Easy

			7		4			
		8		2		4		
3		9				5		7
		6	2		1	8		
	7						9	
		4	8		5	2		
4		3				6		2
		7		8		3		
			6		9			

Puzzle 43: Easy

	5		4			9		
9		2	3	7		6	1	
					9			
		6	5	3			2	
				8				
	9			2	6	4		
			6					
	6	4		5	7	3		8
		1			8		4	

Puzzle 44: Easy

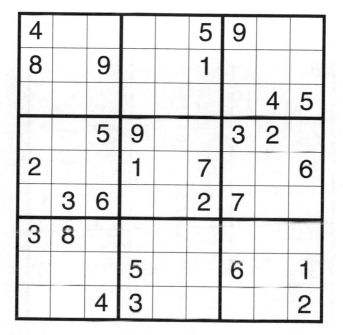

Puzzle 45: Easy

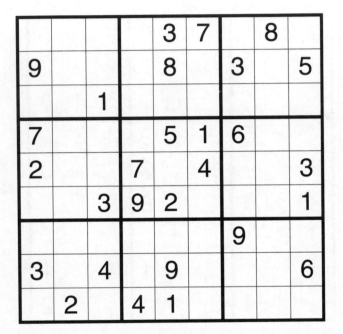

Puzzle 46: Easy

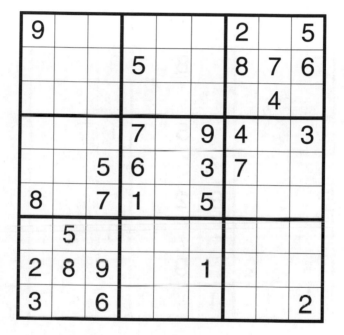

Puzzle 47: Easy

9			4				6	
7				2		9		
	5	8			9			
	6			3	2	1	7	
				5				
	8	3	6	1			2	
			2			8	5	
		2		9				6
	1				8			7

Puzzle 48: Easy

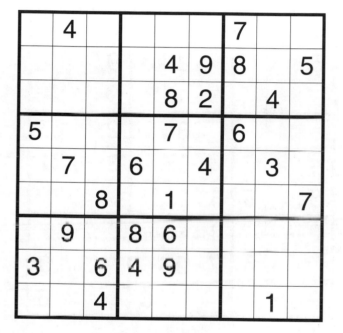

Puzzle 49: Easy

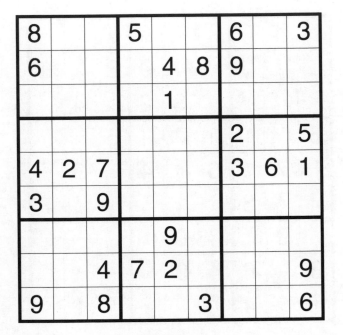

Puzzle 50: Easy

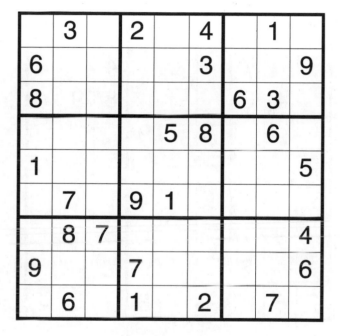

Puzzle 51: Easy

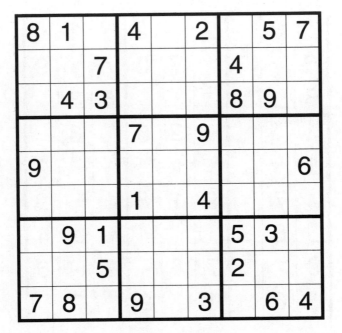

Puzzle 52: Easy

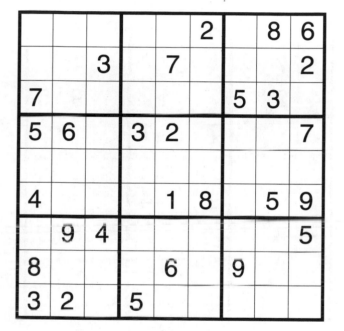

Puzzle 53: Easy

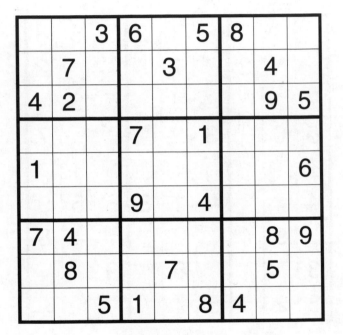

Puzzle 54: Easy

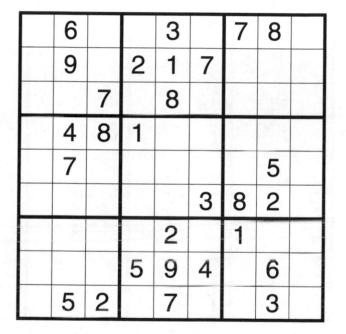

Puzzle 55: Easy

			4	6	5			1
		2			7			5
	9		1			8		4
	5					6		3
9		7					8	
2		1			4		3	
5			9			4		
8			7	2	3			

Puzzle 56: Easy

		1		6	4			5
	8		5					7
	6		7				2	
9							1	
		3	6		5	9		
	5							4
	3				2		8	
1					8		6	
7			9	3		4		

Puzzle 57: Easy

9	8						2	
	2		3				1	
		5	7					8
	3							6
5		8	6		9	2		3
2							9	
3					2	1		
	4				5		6	
	9						4	7

Puzzle 58: Easy

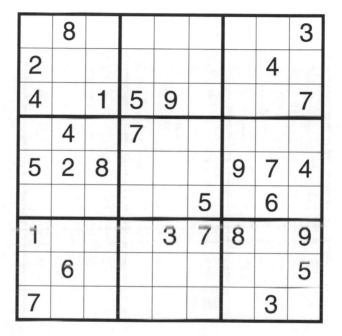

Puzzle 59: Easy

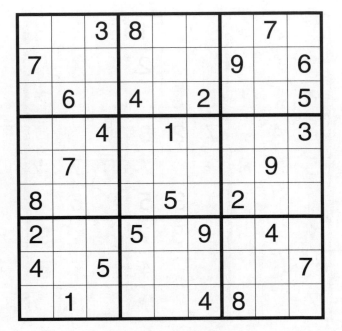

Puzzle 60: Easy

		6	9		1	7		
	1		5		2		4	
5								2
		9	4	2	8	3		
		7	1	3	5	8		
1								3
	3		6		4		5	
		2	8		3	6		

Puzzle 61: Easy

	3		1					5
	4		5			6		9
1		5						
		2		1			6	
	1		8		3		5	
	9			2		7		
						5		8
7		9			6		2	
8					4		9	

Puzzle 62: Easy

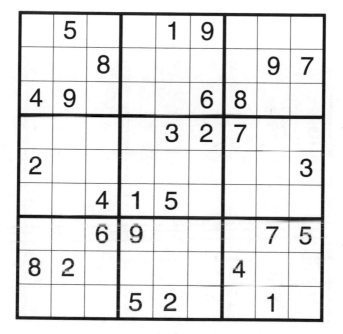

Puzzle 63: Easy

	8			3	7		1	
				6		8	9	2
2	9	3					7	
	5		7		3		2	
	4					3	8	1
7	3	5		2				
	1		9	7			4	

Puzzle 64: Easy

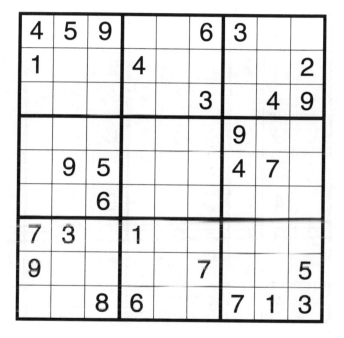

Puzzle 65: Easy

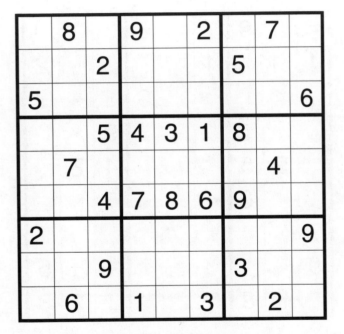

Puzzle 66: Easy

5	4						1	8
			1		5			
7		2				5		6
		5	3		1	2		
	2						8	
		3	4		8	7		
8		4				3		7
			6		3			
3	5						2	4

Puzzle 67: Easy

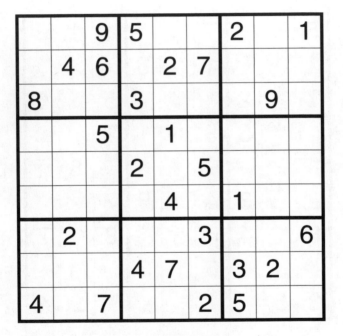

Puzzle 68: Easy

5			7				2	
				2	6			1
1		2					4	
		9				4		8
8			9		5			2
6		7				3		
	6					2		5
2			5	4				
	9				1			4

Puzzle 69: Easy

		2	1				6	
7		9		4		2		1
3			2					
1	3	5						9
4						8	1	3
					2			8
9		4		3		5		2
	5				8	6		

Puzzle 70: Easy

		6	4		8	2		
		5				3		
9	8						4	1
			5	7	3			
	1						7	
			2	1	4			
7	6						8	5
		2				6		
		1	7		9	4		

Puzzle 71: Easy

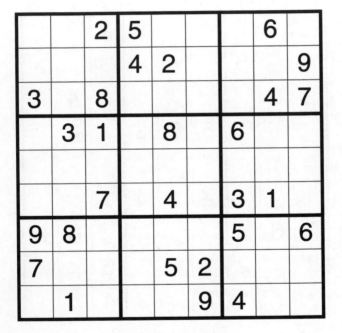

Puzzle 72: Easy

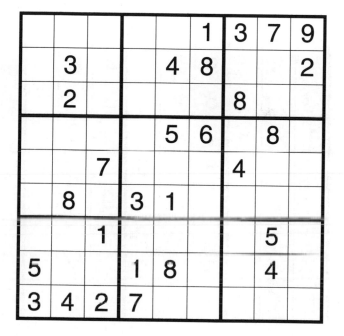

Puzzle 73: Easy

	7					8		
	8		9		1	4	6	
			5	4		2		
1		9					2	
			6		5			
	5					9		4
		5		2	6			
	4	1	3		9		7	
		7					5	

Puzzle 74: Easy

Getting Tricky

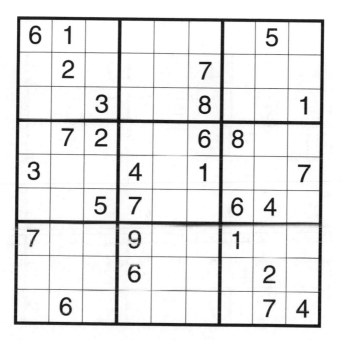

Puzzle 75: Tricky

7	4				3			
		9	4		1	3		
	6			8		7		
		7	6				3	9
2	5				8	6		
		8		5			9	
		1	8		6	2		
			7				4	3

Puzzle 76: Tricky

			9	5	4	3		
				6		9		5
1	5							
	3	5			2			6
	1						3	
2			6			4	8	
							6	4
6		8		9				
		3	4	1	6			

Puzzle 77: Tricky

	9			7				
	1	6		4	8			3
	7		5					
	5		2					4
7	4						3	2
8					4		6	
					5		8	
5			8	6		3	1	
				2			5	

Puzzle 78: Tricky

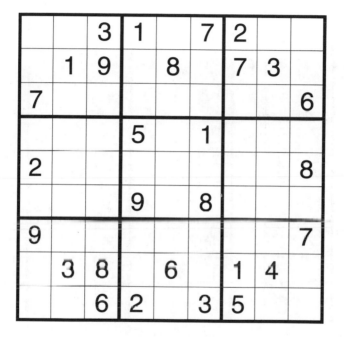

Puzzle 79: Tricky

	4		6			3	1	
				2	9			
					3	8		4
7		9	8					
2	3						7	8
					2	5		9
3		7	2					
			1	9				
	9	6			7		4	

Puzzle 80: Tricky

4	1		7					
	3			4		5	2	
		5	6	1			4	
1	8							
		7				3		
							8	7
	2			5	4	9		
	7	1		9			5	
					6		1	2

Puzzle 81: Tricky

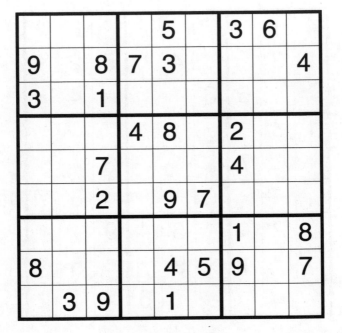

Puzzle 82: Tricky

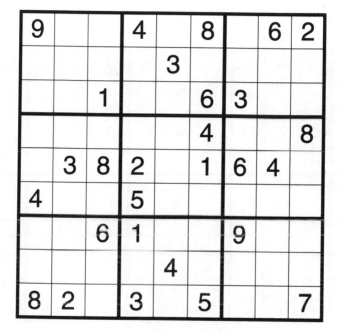

Puzzle 83: Tricky

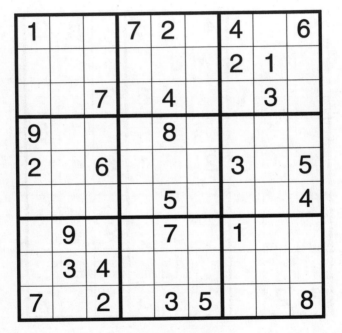

Puzzle 84: Tricky

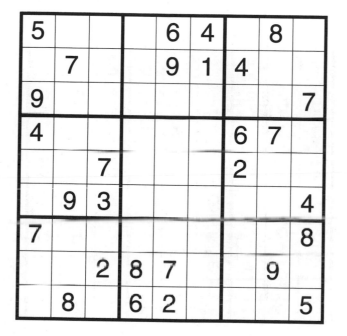

Puzzle 85: Tricky

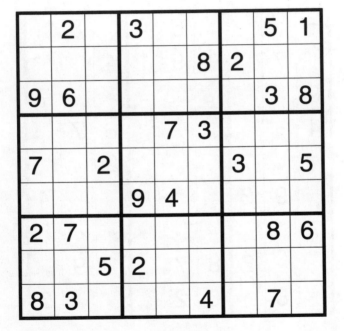

Puzzle 86: Tricky

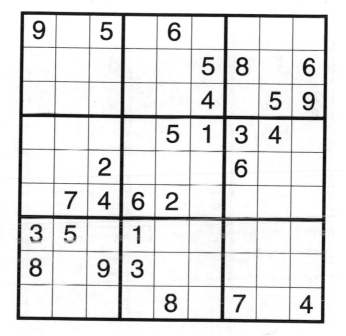

Puzzle 87: Tricky

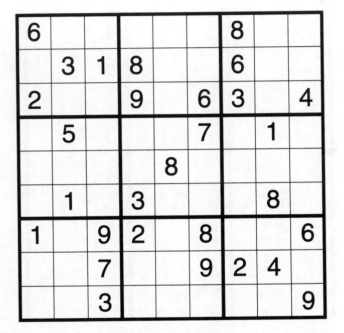

Puzzle 88: Tricky

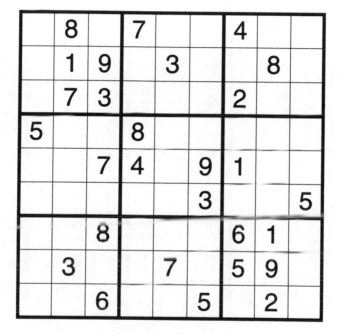

Puzzle 89: Tricky

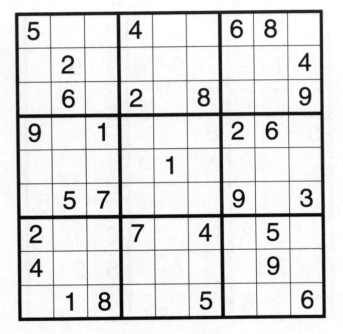

Puzzle 90: Tricky

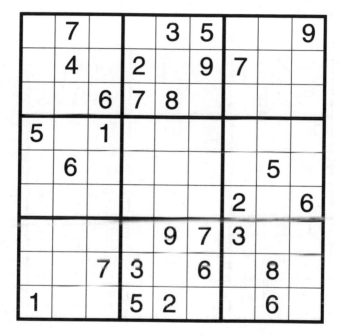

Puzzle 91: Tricky

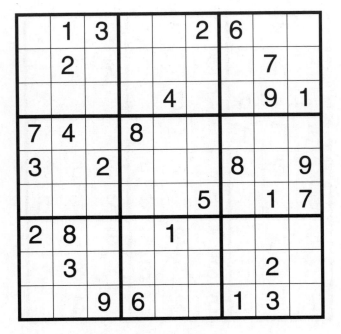

Puzzle 92: Tricky

				7		8		1
			6			4	7	
				5		2		6
	4		7					5
8		2				6		7
6					9		8	
7		5		8				
	3	1			7			
2		9		1				

Puzzle 93: Tricky

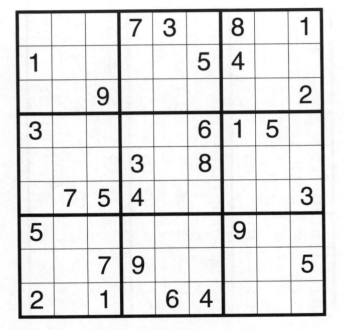

Puzzle 94: Tricky

			9			4		3
				8				
6	9				3		8	2
7	8			9				
		4	1		5	7		
				4			2	6
5	4		6				1	7
				1				
8		3			7			

Puzzle 95: Tricky

				5			1	3
5		6	8			7		
	3					8		
								7
4		1	3		7	2		9
	9							
		2					6	
		4			9	5		1
7	5			1				

Puzzle 96: Tricky

	9			5			8	
	6						7	2
		8	7			4		5
		7						1
		2	1		5	8		
5						2		
6		3			8	7		
2	4						3	
	7			4			5	

Puzzle 97: Tricky

2			4			1		
		1	2	5		6		
			9				2	
5	2						4	
	8	7				9	1	
	9						6	7
	3				9			
		5		7	2	8		
		9			5			3

Puzzle 98: Tricky

	5	9		8	7	2		
	6	4		9				
					5			9
8			9	3				
			8		1			
				5	4			8
6			3					
				6		9	2	
		7	4	1		3	6	

Puzzle 99: Tricky

		4	3				8	
								5
	8	3	5		9			
	4				2		5	
7		1	6		4	8		9
	6		9				3	
			1		8	5	7	
1								
	2				7	6		

Puzzle 100: Tricky

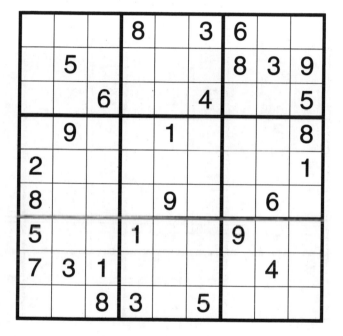

Puzzle 101: Tricky

1				5	6			
4			1					5
			7	4		2	3	
	8						2	
2		7				9		8
	4						1	
	9	6		1	3			
8					5			9
			9	7				4

Puzzle 102: Tricky

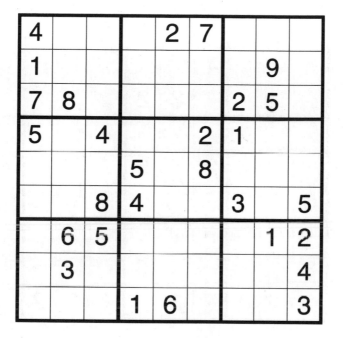

Puzzle 103: Tricky

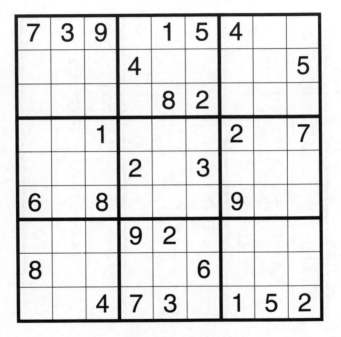

Puzzle 104: Tricky

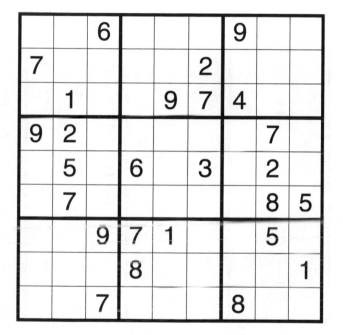

Puzzle 105: Tricky

	7			4				
3			6		7			4
			9				1	6
		4			2	5		
	5	1				3	8	
		9	1			4		
1	2				8			
4			2		9			5
				3			2	

Puzzle 106: Tricky

		9	5		6			
5	2		4					6
7			2					5
		2	3			5		
	1						6	
		5			1	7		
3					4			8
4					2		9	7
			1		8	4		

Puzzle 107: Tricky

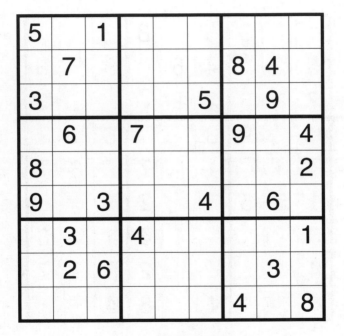

Puzzle 108: Tricky

		7			3			
4		2	7	6		3		
		3	1	2				
			5				4	9
			4		7			
1	5				2			
				1	6	4		
		6		4	8	9		1
			3			8		

Puzzle 109: Tricky

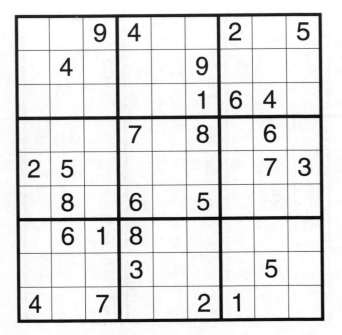

Puzzle 110: Tricky

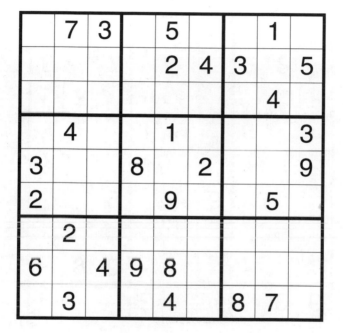

Puzzle 111: Tricky

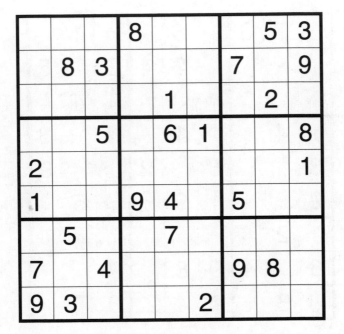

Puzzle 112: Tricky

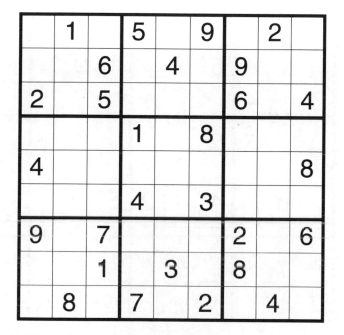

Puzzle 113: Tricky

1								4
			5	3		1	9	
7		4			1			
		9	8		3		4	
				7				
	8		4		2	6		
			7			4		1
	7	3		5	8			
2								5

Puzzle 114: Tricky

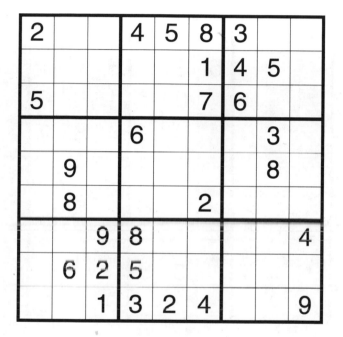

Puzzle 115: Tricky

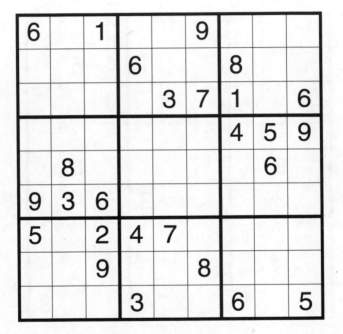

Puzzle 116: Tricky

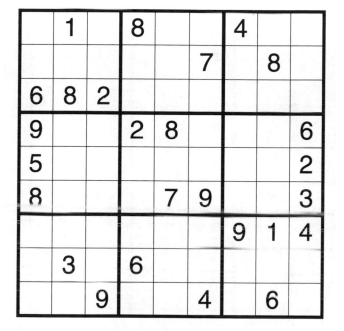

Puzzle 117: Tricky

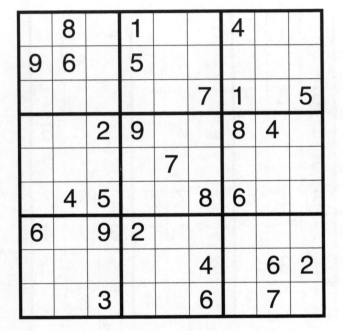

Puzzle 118: Tricky

				5	7	2		
	5		1	4				7
		6						8
	1	9					3	
		5				4		
	3					7	2	
4						1		
2				3	4		7	
		7	9	2				

Puzzle 119: Tricky

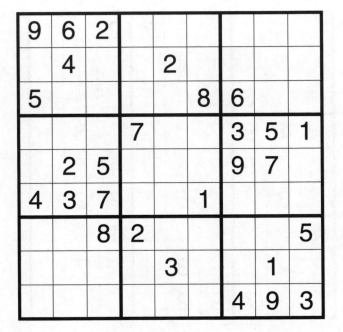

Puzzle 120: Tricky

	8							1
		4		7				
	3		1		8		5	
1		6	2	8		3		
			4		9			
		8		5	1	9		7
	5		8		6		9	
				3		4		
7							2	

Puzzle 121: Tricky

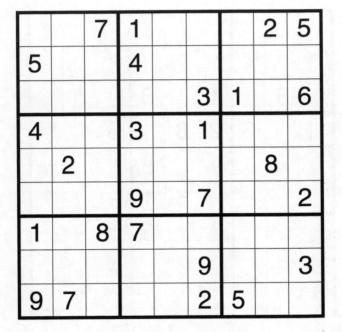

Puzzle 122: Tricky

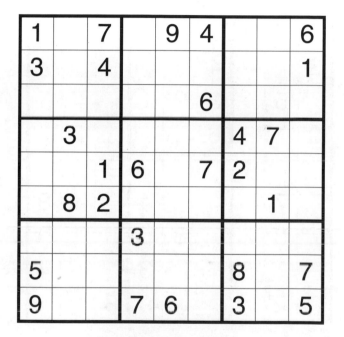

Puzzle 123: Tricky

		2	5				3	
3			4			9		
	5		3	9			7	
9			6				8	
		1				2		
	7				4			9
	3			8	6		1	
		8			3			4
	2				9	3		

Puzzle 124: Tricky

	7	3	9	2			4	
		6			4		8	
4	9				8			
				7				4
	1						3	
3				1				
			2				9	1
	4		3			5		
	8			4	7	6	2	

Puzzle 125: Tricky

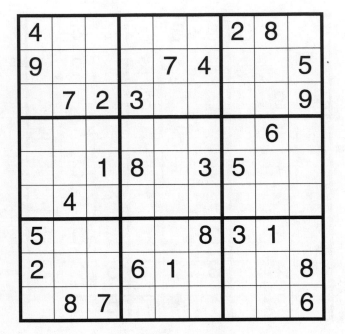

Puzzle 126: Tricky

	4			6				
5			3		2			6
			9				4	1
		9			1	7		
	7	4				6	1	
		6	2			9		
8	9				6			
4			7		9			5
				3			6	

Puzzle 127: Tricky

			5			1		
		4	2				5	3
8			6		4	2		
	2		9			5		
		7				4		
		6			8		9	
		1	4		2			5
3	4				5	9		
		8			3			

Puzzle 128: Tricky

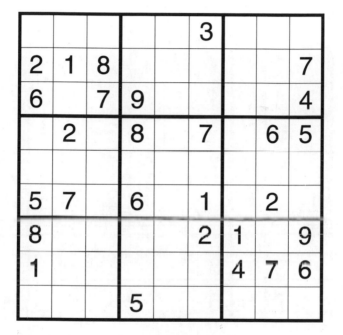

Puzzle 129: Tricky

		1			8	7	3	
					1		4	
			4					6
	5	7				3		4
		4	7		2	8		
1		6				2	9	
4					7			
	3		8					
	7	9	5			1		

Puzzle 130: Tricky

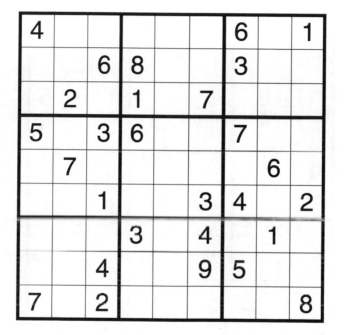

Puzzle 131: Tricky

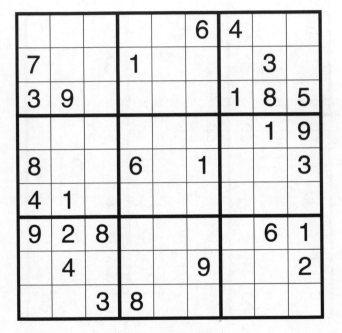

Puzzle 132: Tricky

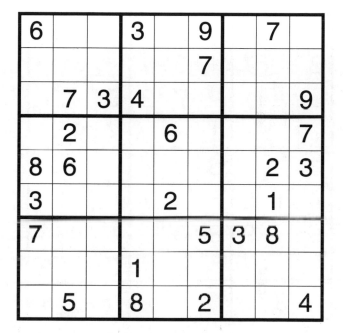

Puzzle 133: Tricky

5			6				3	
3		7		8				
				7	3	5		
			1			7	9	4
			3		6			
4	1	8			7			
		9	8	3				
				6		3		2
	3				2			1

Puzzle 134: Tricky

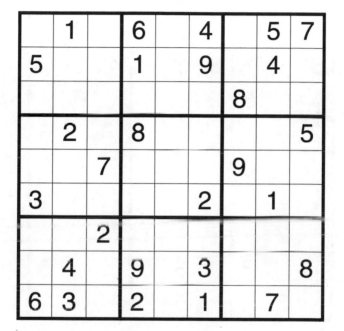

Puzzle 135: Tricky

				7			2	
6			8	1		4		
		5	2				6	
2	5							6
4		8				7		9
1							5	2
	7				1	6		
		6		3	8			5
	8			5				

Puzzle 136: Tricky

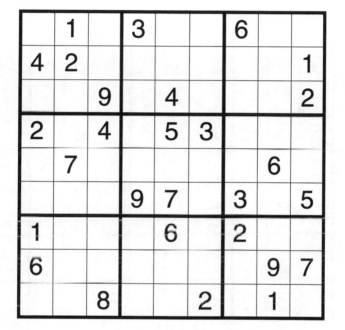

Puzzle 137: Tricky

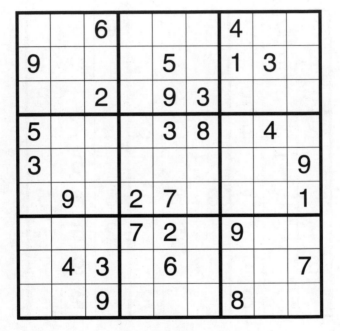

Puzzle 138: Tricky

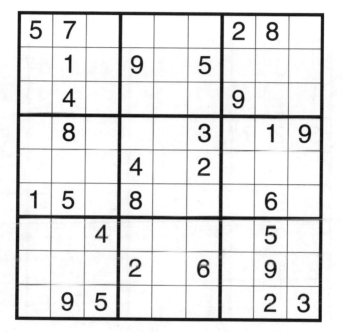

Puzzle 139: Tricky

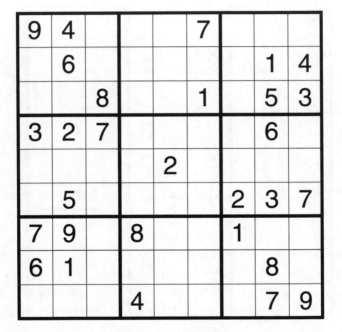

Puzzle 140: Tricky

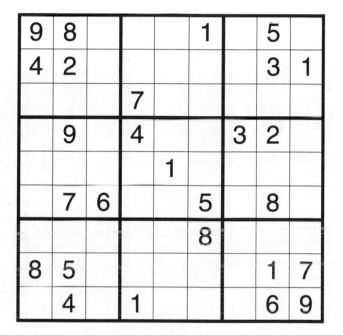

Puzzle 141: Tricky

				4		1		
	6			3	1			7
		9	8	7			6	
				6		4		9
3								1
6		1		5				
	8			1	5	3		
2			3	8			9	
		5		9				

Puzzle 142: Tricky

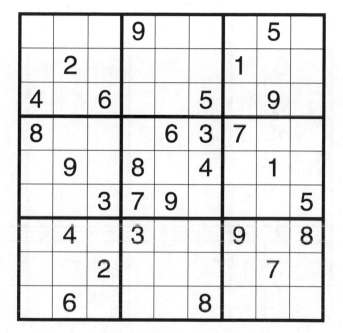

Puzzle 143: Tricky

			3		2			
	5	8				3	2	
3	9						4	7
		3	1		9	7		
6								4
		9	5		4	6		
8	2						1	9
	4	1				8	7	
			4		1			

Puzzle 144: Tricky

	7						6	
	2		5		4		7	
3		6				4		8
		1	9		8	5		
8								1
		7	4		1	2		
5		9				7		4
	4		7		5		1	
	1						9	

Puzzle 145: Tricky

	1				2		8	
			6		1	5		4
			8					
8			3	7		1	2	
		1				3		
	5	6		2	4			7
					3			
1		9	4		5			
	4		9				5	

Puzzle 146: Tricky

				2		1	6	
5								4
			6		5	2		9
	8	7		6	4		1	
				7				
	5		8	3		9	7	
4		8	1		2			
6								3
	2	5		9				

Puzzle 147: Tricky

		8		3				9
7				4				
3		4			6		2	
9				6	4	1		
4								3
		6	5	1				7
	2		7			9		4
				9				5
1				5		7		

Puzzle 148: Tricky

	4	6				2	1	
	2		6		3		8	
8	7						3	6
			8		5			
				7				
			2		1			
4	9						2	1
	3		4		2		6	
	6	7				8	5	

Puzzle 149: Tricky

4			9	2				5
	7					3	9	
	5			7	3			4
					6			2
		4				1		
7			4					
6			5	4			2	
	3	1					4	
5				8	9			6

Puzzle 150: Tricky

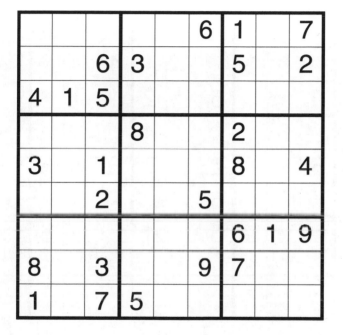

Puzzle 151: Tricky

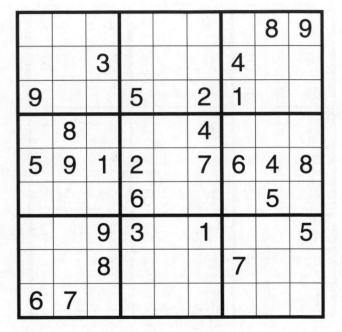

Puzzle 152: Tricky

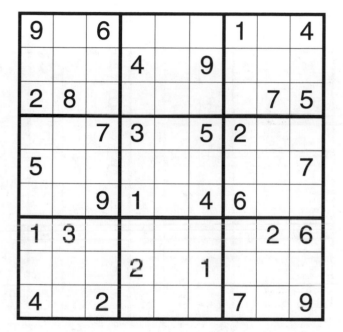

Puzzle 153: Tricky

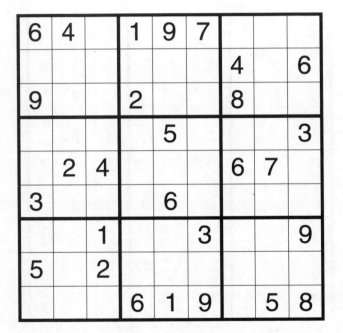

Puzzle 154: Tricky

4			2					
		6	4			5	3	1
1			5	7				
8	7			3			1	
				2				
	3			4			8	6
				5	4			8
2	5	7			9	3		
					2			5

Puzzle 155: Tricky

	9		7				6	
	6	2		9				
1			8		6			
3		6		7			8	
4								7
	2			4		1		6
			2		1			9
				6		5	4	
	8				3		7	

Puzzle 156: Tricky

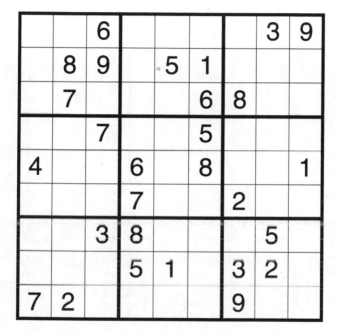

Puzzle 157: Tricky

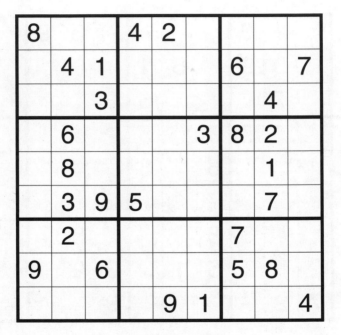

Puzzle 158: Tricky

	1						2	
9			3					8
	8	6		2	7			
	7	2		3			1	
				4				
	3			5		4	6	
			1	9		7	8	
3					8			2
	6						3	

Puzzle 159: Tricky

	9						1	
	2	7	9		1	5	4	
8								2
		8	1		4	3		
2								1
		1	5		2	8		
9								3
	3	2	4		8	6	5	
	7						8	

Puzzle 160: Tricky

				9		2		
	6			3		5		9
			2		8	4	1	
					6		4	
7		8				9		6
	3		7					
	8	3	6		4			
9		4		5			2	
		5		1				

Puzzle 161: Tricky

				1		9		
6	5	1				7		4
			8				1	
	2	5	7			8		
		6				2		
		3			2	1	6	
	1				3			
4		8				3	5	7
		9		4				

Puzzle 162: Tricky

			8	9	3			
						8		2
8	9		2			7	5	
		3				6		4
			4		8			
5		8				1		
	8	5			6		2	1
2		4						
			9	2	1			

Puzzle 163: Tricky

3	4				5	1		
1			2					6
		7	1		3		5	
8	3						6	
				5				
	6						1	4
	8		6		9	2		
9					4			1
		6	7				9	8

Puzzle 164: Tricky

4	3		9				1	2
6		8	3	1		4		
	5		1					4
			8		9			
2					3		8	
		6		4	8	1		3
1	9				6		5	8

Puzzle 165: Tricky

2				4				
	5			2			9	7
9		4			8		6	
7	3							
		1	7		5	8		
							3	5
	1		6			2		3
8	2			5			7	
				8				1

Puzzle 166: Tricky

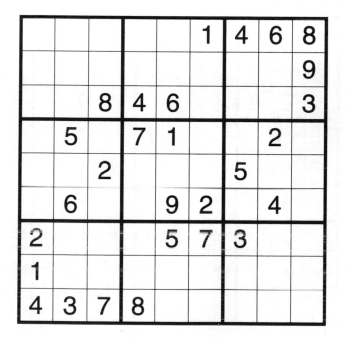

Puzzle 167: Tricky

				8	6	2		5
9					3	1		
	2	6	7				9	
					1		4	6
5	8		6					
	3				9	4	1	
		9	1					2
1		8	2	6				

Puzzle 168: Tricky

Tough Nuts to Crack

4				6	1			8
5	2				3			
1			8	5				
					7	4		
		1				9		
		3	5					
				4	9			3
			7				4	6
3			1	8				5

Puzzle 169: Tough

		3					7	6
	1		5				4	
5	2			6			3	
			1		5			
	5	2				1	9	
			8		7			
	4			5			8	7
	7				4		2	
9	8					4		

Puzzle 170: Tough

				8				6
8	6		2			3		
1		2	4					
		7	5	2				3
	8						1	
2				6	4	5		
					3	2		8
		5			8		3	9
3				9				

Puzzle 171: Tough

		2				1		
	3		6	2	9		8	
4								9
		5	4		8	2		
9								6
		4	7		3	9		
8								4
	1		8	4	6		3	
		6				8		

Puzzle 172: Tough

		3		4	6			
	7					2	9	
6			1					3
3		1		6				8
			5		1			
8				2		6		1
4					5			9
	8	6					1	
			4	7		3		

Puzzle 173: Tough

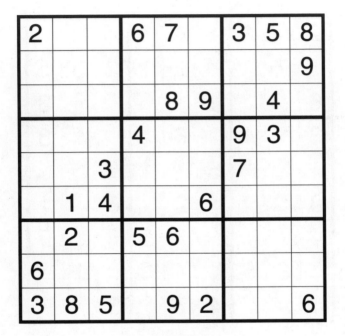

Puzzle 174: Tough

2		3	8				9	
			4	2				6
4		5			3			
7							8	
	2	8				9	5	
	9							7
			9			5		3
3				4	2			
	4				7	1		2

Puzzle 175: Tough

Puzzle 176: Tough

6					5	2		
			7		2			8
				4		1		6
		8		7	1			
5		2				7		3
			4	2		8		
3		9		1				
8			3		4			
		4	8					7

Puzzle 177: Tough

		7	4	5		2		
		9						1
2			9			3	4	
	9	6		8	2			
			1	9		8	6	
	8	1			7			3
3						5		
		2		3	4	1		

Puzzle 178: Tough

	1		2		8		9	7
		9	3				5	
4								6
					4	3		
	5		9		6		8	
		7	5					
7								1
	6				5	8		
9	8		6		7		4	

Puzzle 179: Tough

			7		9			
3					1		9	6
	8						7	1
	4				5		3	9
2								7
6	3		8				4	
7	2						6	
8	5		1					4
			5		8			

Puzzle 180: Tough

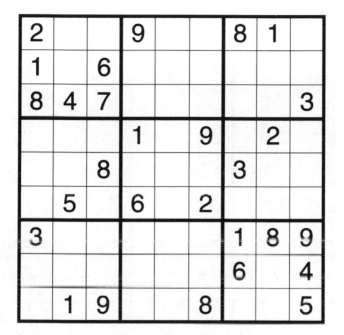

Puzzle 181: Tough

9		6		2			1	
	5		1			2		
								8
6	3	2	8		9		5	
				6				
	1		5		7	8	6	2
5								
		7			1		8	
	2			4		3		5

Puzzle 182: Tough

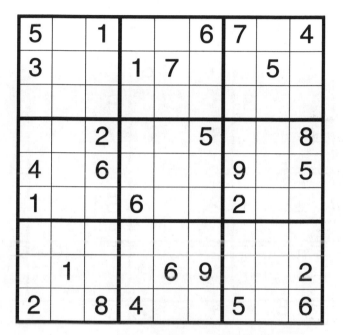

Puzzle 183: Tough

	3		7		5		2	
			9		8			
4		8				9		5
		6	5		4	7		
	5						1	
		3	2		7	5		
9		5				3		1
			1		9			
	8		4		3		6	

Puzzle 184: Tough

		1		9	7			
3		6				9	5	
					5		7	
9	8				1			
		2				4		
			2				9	1
	2		3					
	9	8				7		3
			9	4		6		

Puzzle 185: Tough

	8	6			3		1	
			6		2			7
4				9				8
3	7							
8	6						4	2
							7	5
6				3				1
1			4		6			
	2		5			6	9	

Puzzle 186: Tough

	3				8	6		7
		8	2					
	4			1				
		4			5	3		
3	7	9				5	6	1
		6	3			2		
				9			5	
					2	1		
1		2	7				9	

Puzzle 187: Tough

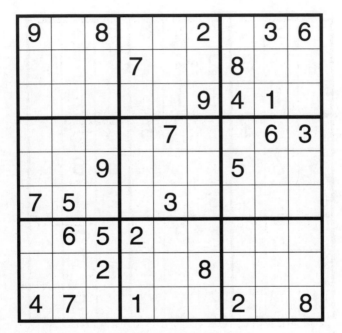

Puzzle 188: Tough

			2			7	3	
			6					8
		7		9	4	5		
	3						7	
1	5		8		2		9	3
	2						1	
	7	9	6		3			
8				1				
	1	3		5				

Puzzle 189: Tough

			6			8	3	
4					8			9
	8				9		1	
		5		1				
1	2	8				3	6	5
				5		2		
	6		4				2	
7			2					8
	9	4			3			

Puzzle 190: Tough

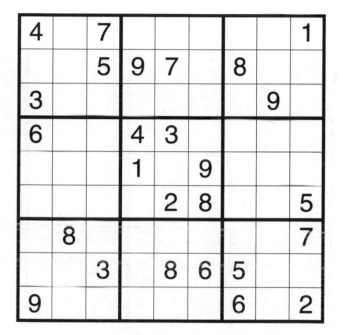

Puzzle 191: Tough

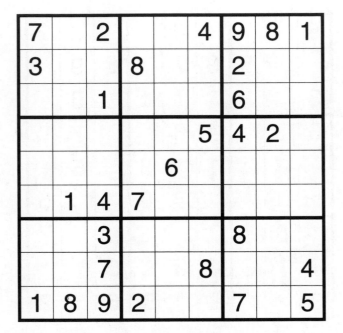

Puzzle 192: Tough

5				6				2
					7	1	9	
		3	8				6	
3							7	8
	8		7		3		5	
2	1							6
	9				6	8		
	3	5	4					
7				1				3

Puzzle 193: Tough

9	6				1			
7				3	9		8	1
		3						
	9			8				
	5	6	9		4	8	2	
				6			9	
						3		
1	8		3	2				9
			4				7	2

Puzzle 194: Tough

	8							
	5					3	7	4
7					6	5		
6				4	1	2		
		5				8		
		8	5	3				7
		1	6					8
5	7	3					6	
							9	

Puzzle 195: Tough

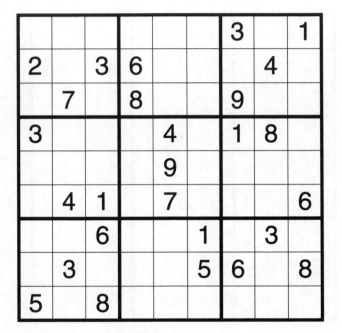

Puzzle 196: Tough

			9		6		3	
			4					8
	4	6					1	
7				2	9		6	
3	1						7	9
	6		7	3				2
	2					5	4	
1					2			
	7		6		5			

Puzzle 197: Tough

	7		8	9			2	
	4	9				6		3
		2		6				
	5	8	7					
		6				3		
					5	8	7	
				4		7		
4		7				1	3	
	2			7	1		5	

Puzzle 198: Tough

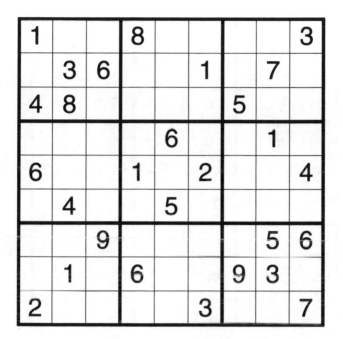

Puzzle 199: Tough

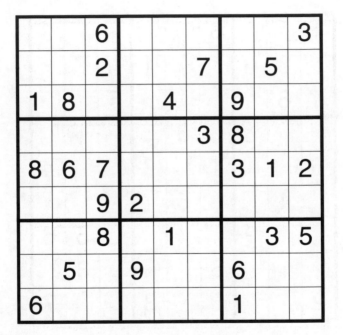

Puzzle 200: Tough

			8	2		1		
				4	1	9		5
	9			6	3			
8						2	7	
9								3
	6	5						8
			4	7			9	
2		9	6	1				
		4		3	5			

Puzzle 201: Tough

		2	5	7			3	6
					9	1		
5								9
		6	3				9	4
			6		7			
7	9				2	8		
3								7
		9	7					
1	4			6	5	9		

Puzzle 202: Tough

		8		3	7			
5	6		2					9
3							8	
	5				4	2		
2	8						9	1
		9	1				3	
	2							3
8					1		2	6
			4	6		8		

Puzzle 203: Tough

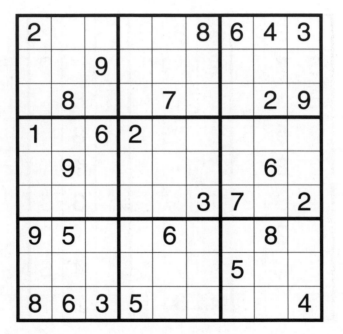

Puzzle 204: Tough

Diabolically Difficult

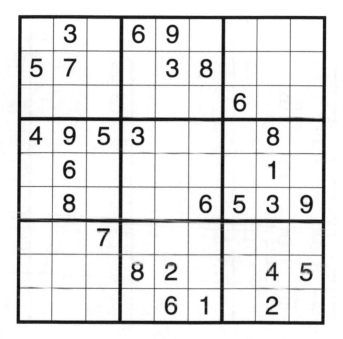

Puzzle 205: Diabolical

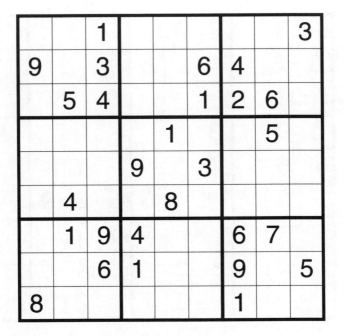

Puzzle 206: Diabolical

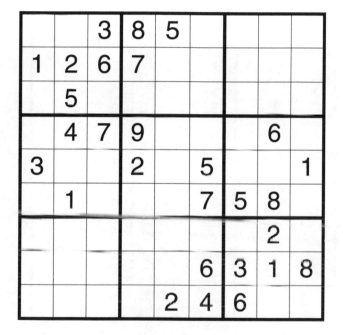

Puzzle 207: Diabolical

9			3	7	1			
		6	5					4
3			2			9		
1		4		9			6	
				1				
	9			2		4		1
		7			2			6
5					4	8		
			9	3	7			5

Puzzle 208: Diabolical

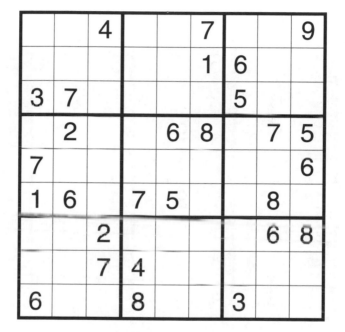

Puzzle 209: Diabolical

					9			8
4		3			1	6		
	9						5	7
	9		1					6
		7		5				
1			3		4			
7	6						2	
	4	2			8			3
2		8						

Puzzle 210: Diabolical

		6	8		3	5		
	7	5				9	3	
4								8
		4	2		6	3		
	2						1	
		7	3		9	4		
6								3
	4	8				1	5	
		2	9		5	6		

Puzzle 211: Diabolical

	9		7		8		6	
		3	2		1	9		
7								4
		9		1		8		
4								3
		5		2		4		
3								9
		7	3		2	5		
	2		6		9		3	

Puzzle 212: Diabolical

3		6	7				5	
			3					2
	7			8	2	4		
			2			1		4
		5				3		
2		7			1			
		4	1	2			9	
6					8			
	8				3	2		7

Puzzle 213: Diabolical

			7					5
5	4	6						
2				3		1		
6				7				2
7		9	2		3	4		1
3				1				8
		5		4				3
						2	4	7
4					1			

Puzzle 214: Diabolical

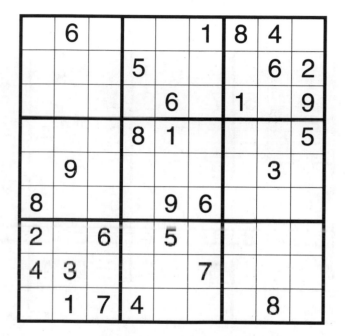

Puzzle 215: Diabolical

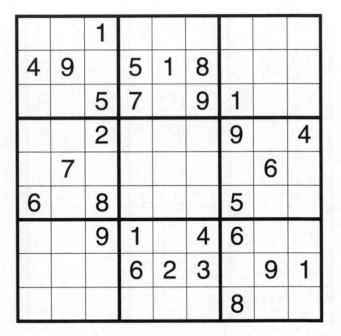

Puzzle 216: Diabolical

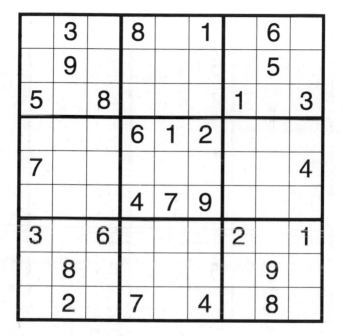

Puzzle 217: Diabolical

			5				8	4
	5	8				7		
		7		4			9	
		2		9			7	6
8								2
9	4			2		5		
	6			5		3		
		9				4	5	
7	2				4			

Puzzle 218: Diabolical

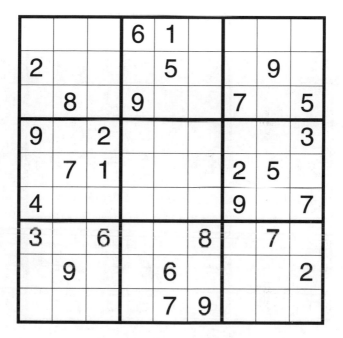

Puzzle 219: Diabolical

	1	7	6	2	4			8
4			9					2
			3			9		
							6	3
			1		2			
8	5							
		9			1			
1					6			5
6			2	5	9	3	7	

Puzzle 220: Diabolical

Truly Treacherous

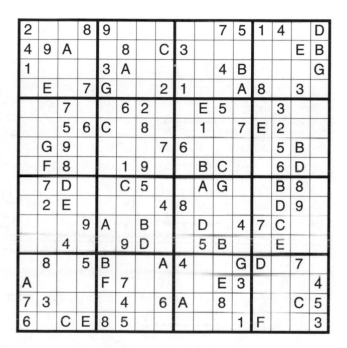

Puzzle 221: Treacherous

6	4	3				8			B				F	C	9
C	E			A		7			9		D			B	G
		1	A		6	3				4		7	D		
		B	D				2	E				5	A		
	B		F	E							4	9		5	
2					D	9	7	1	B			6			4
4				B	1		7	9		5	E				C
	6			4	A				F	C			E		
	G			D	B				9	1			2		
3					F		A	4		G	2				8
			9		G	E	3	A	5	8					D
	2			1	5					F	A		G		
		D	2				E	G				4	6		
		6	5		D			4	E			C	2		
9	7			C		4			A					D	1
A	3	C			B				D				E	7	F

Puzzle 222: Treacherous

2	7		E					5				C		A	B
	B	5		C	1		2			D	4		E		
		1	D	G					8			5	3		
	3					E		8					7		
7		3	F				G	8					5	B	6
6	8				B	3	F	4	A	E					7
	2			8	A	1			B	5	7				
B			4			9			G			E			8
5			6			8		C				1			F
	C			3	G	4		F	2	8					
				F	7	D		B		4				C	5
9		F	7				B	G				3	8	2	4
	D				G			9					5		
		9	B	F							A	2	6		
		8		B	2			D		3	6	G	7		
G	6						3	F				4		8	A

Puzzle 223: Treacherous

	G	A		F		6			4		3		8	9	
		1			9	2			8	6	F		7		
	5	6	D	8							B		2	C	
8			C		A	1			5	7		6			G
2	4		G		B					5		A		E	C
5			8	A							4	G			2
6	E						4	A	D					8	B
			F	E		3	5	B			G	4			
			4		C	7	3	A		D	B				
B	C					6	7	G						2	8
D			7	1						2	E				4
A	8		5		3				4					7	D
E				5	4			9	D		3				6
	6	5	2								8	D	1		
		C		G	1	A			B	5		E			
	B	8		9		D		F				C	5		

Puzzle 224: Treacherous

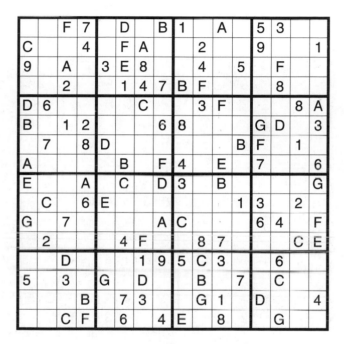

	F	7		D		B	1		A		5	3			
C			4		F	A			2			9			1
9		A		3	E	8			4		5		F		
		2			1	4	7	B	F				8		
D	6					C			3	F				8	A
B		1	2			6	8			G	D				3
	7		8	D							B	F		1	
A				B		F	4		E			7			6
E			A	C		D	3		B						G
	C		6	E							1	3		2	
G		7				A	C			6	4				F
	2				4	F			8	7				C	E
	D					1	9	5	C	3			6		
5		3		G		D			B		7		C		
		B			7	3			G	1		D			4
	C	F			6		4	E		8			G		

Puzzle 225: Treacherous

	1	A		C							G		2	B	
8	G			4	B					E		1		5	9
		4	6		G	2			9	5		C	F		
		2		6		1	D	B			F		4		
2				7	D		1	G		3	B				C
7			A				2	4				F			8
			1	A		3	6	E	2			C	B		
	D					8			1				2		
	B				G				8				4		
	7		C	E			8	9	3			A	G		
1			3				B	6				5			E
4	6				A		3	5		1				7	B
		1		9			C	A	F	B		5		8	
		D	4		5	B			A	G		7	6		
F	8		B		7					4		2		C	5
	A	C		2							3		B	E	

Puzzle 226: Treacherous

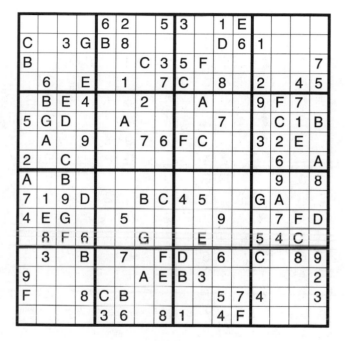

Puzzle 227: Treacherous

4		9				8	1	D	3				F		5
	D		G			3			6			E		1	
C	1		A		5					8		B			3
	F				4	C			5	7				G	
7	B	A		C						5	1		9	8	G
	G		2				5	4				D		F	
		D		A			E	2	F	9	3		C		
				B	2	4			7	G	8			E	
	3			4	F	G			9	C	E			5	
		C		5	B	1	A	G	8		2		4		
	4		9				7	A				8		6	
A	8	B		9	D						F		G	C	2
	6				9	5			2	E				D	
8	A		7		6					F		9		3	4
	2		E			F			C			5		A	
G		5				A	3	B	4				2		C

Puzzle 228: Treacherous

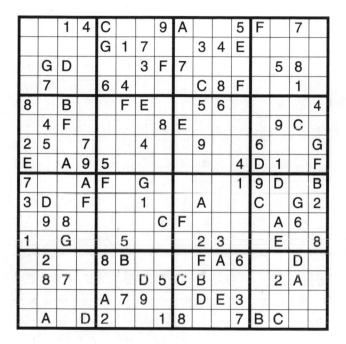

	1	4	C			9	A			5	F		7	
			G	1	7			3	4	E				
	G	D			3	F	7					5	8	
	7			6	4			C	8	F			1	
8		B			F	E			5	6					4
	4	F				8	E					9	C	
2	5		7			4			9			6			G
E		A	9	5							4	D	1		F
7			A	F		G					1	9	D		B
3	D		F			1			A			C		G	2
	9	8					C	F					A	6	
1		G			5				2	3			E		8
	2			8	B				F	A	6			D	
	8	7				D	5	C	B				2	A	
				A	7	9			D	E	3				
	A		D	2			1	8			7	B	C		

Puzzle 229: Treacherous

2	E				A	B		C						7	8
8	G	A			E				7			6	D		
9			C		1		D	8		F		A			
	5		F	4				G		A	E		9		
5	7			F		C		D		3				B	A
	A			7		D	G		9		1		4		
6			2			8	B			5			7		9
		E		5		B	9	6	F		G		7		
	3		D		1	C	G	8		E		F			
7			E			4	A				B				D
			A	6	5	D	2		F				E		
	1		B		F			3		7			A	G	
	2		D	C		4			B	G		F			
B			A		D			E		G		6			C
F	6	C			G				1			B			E
G	4					9	6	F	A					2	3

Puzzle 230: Treacherous

Target Sudoku

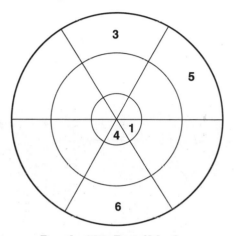

Puzzle 231: Bewildering

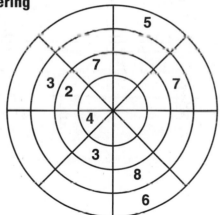

Puzzle 232: Bewildering

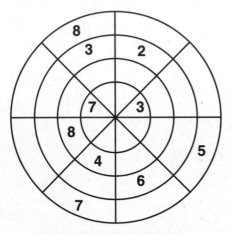

Puzzle 233: Bewildering

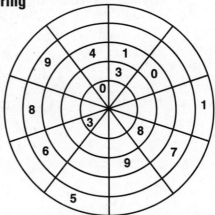

Puzzle 234: Bewildering

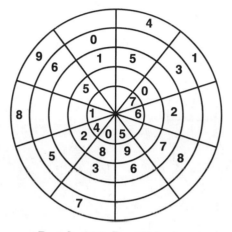

Puzzle 235: Bewildering

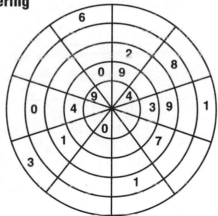

Puzzle 236: Bewildering

Puzzle 237: Bewildering

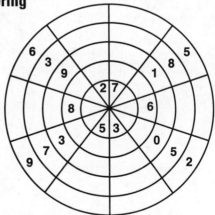

Puzzle 238: Bewildering

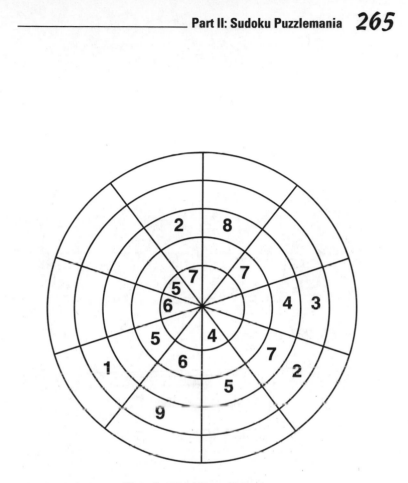

Puzzle 239: Bewildering

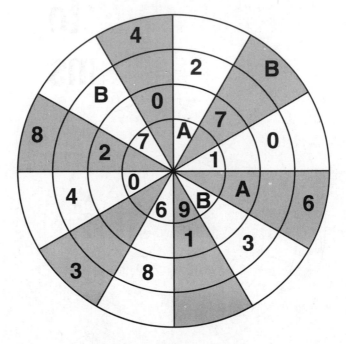

Puzzle 240: Bewildering

This 48-cell puzzle requires you to place 12 symbols in
each ring. Each wedge, made up of three slices (white-
grey-white), must contain the digits 0–9 and letters A
and B.

Wedges made up of grey-white-grey slices don't follow
this rule and won't contain all of the numbers and letters.

Part III
The Answer to Your Problems

The 5th Wave — By Rich Tennant

You shouldn't be having that much trouble, Daddy. I helped by putting numbers in some of the squares this morning before you got up.

In this part...

*I*t's no use having 240 puzzles to solve if we don't give you the answers. Here you'll find the solutions to all of the puzzles in Part II. But remember, no cheating!

Puzzle 1

2	8	3	4	9	7	5	1	6
6	7	1	8	5	3	9	4	2
5	4	9	2	6	1	3	7	8
4	5	8	7	2	9	6	3	1
1	6	7	3	8	4	2	5	9
3	9	2	6	1	5	4	8	7
7	2	6	5	4	8	1	9	3
9	3	4	1	7	6	8	2	5
8	1	5	9	3	2	7	6	4

Puzzle 2

8	9	1	6	2	7	3	5	4
2	3	5	4	9	8	7	1	6
6	7	4	1	3	5	2	8	9
9	5	7	2	8	1	4	6	3
3	6	8	7	5	4	9	2	1
4	1	2	9	6	3	5	7	8
1	8	9	5	4	2	6	3	7
7	2	6	3	1	9	8	4	5
5	4	3	8	7	6	1	9	2

Puzzle 3

3	5	1	9	2	6	7	4	8
7	4	8	1	3	5	9	6	2
2	9	6	8	7	4	3	1	5
8	2	3	5	1	9	6	7	4
9	6	7	4	8	3	5	2	1
5	1	4	7	6	2	8	3	9
1	7	9	6	4	8	2	5	3
6	3	5	2	9	1	4	8	7
4	8	2	3	5	7	1	9	6

Puzzle 4

5	2	1	8	4	6	3	9	7
7	4	3	9	2	1	5	6	8
8	6	9	3	5	7	1	2	4
9	7	2	6	1	4	8	5	3
1	5	8	7	3	2	6	4	9
6	3	4	5	9	8	7	1	2
2	8	5	4	6	3	9	7	1
4	9	7	1	8	5	2	3	6
3	1	6	2	7	9	4	8	5

Puzzle 5

1	6	2	8	5	9	4	7	3
5	3	9	2	4	7	8	1	6
4	8	7	6	3	1	9	5	2
3	4	8	1	2	6	7	9	5
2	7	5	9	8	4	6	3	1
9	1	6	5	7	3	2	8	4
6	2	3	7	1	8	5	4	9
8	5	4	3	9	2	1	6	7
7	9	1	4	6	5	3	2	8

Puzzle 6

6	1	3	9	7	2	8	5	4
4	8	2	3	1	5	9	7	6
5	9	7	4	8	6	2	3	1
2	5	9	1	3	4	6	8	7
1	7	8	5	6	9	3	4	2
3	4	6	8	2	7	5	1	9
7	2	1	6	5	8	4	9	3
9	3	5	2	4	1	7	6	8
8	6	4	7	9	3	1	2	5

Puzzle 7

3	6	4	5	9	7	8	1	2
9	7	8	3	1	2	6	4	5
1	2	5	8	4	6	7	3	9
6	9	7	4	3	8	5	2	1
8	1	2	7	5	9	3	6	4
5	4	3	6	2	1	9	8	7
7	3	9	2	8	4	1	5	6
2	5	6	1	7	3	4	9	8
4	8	1	9	6	5	2	7	3

Puzzle 8

6	2	3	5	4	8	7	9	1
9	8	1	6	7	3	5	4	2
5	4	7	9	2	1	6	8	3
3	7	4	8	1	6	2	5	9
2	1	9	3	5	7	8	6	4
8	6	5	2	9	4	1	3	7
4	9	2	1	6	5	3	7	8
1	5	8	7	3	9	4	2	6
7	3	6	4	8	2	9	1	5

2	8	4	1	7	6	9	5	3
5	3	9	4	2	8	6	1	7
6	1	7	5	3	9	2	4	8
3	2	1	7	6	4	5	8	9
9	5	8	3	1	2	7	6	4
7	4	6	8	9	5	3	2	1
8	7	3	6	5	1	4	9	2
1	6	2	9	4	3	8	7	5
4	9	5	2	8	7	1	3	6

Puzzle 9

4	2	3	8	5	9	6	7	1
9	7	1	6	3	2	4	5	8
8	6	5	7	1	4	3	9	2
7	8	2	5	4	6	1	3	9
1	5	9	3	7	8	2	4	6
6	3	4	2	9	1	5	8	7
5	1	8	9	2	3	7	6	4
2	9	7	4	6	5	8	1	3
3	4	6	1	8	7	9	2	5

Puzzle 10

4	5	7	2	9	1	8	3	6
8	1	3	7	6	4	2	5	9
6	9	2	5	3	8	7	1	4
9	7	5	6	4	3	1	2	8
2	6	8	1	7	5	9	4	3
1	3	4	9	8	2	6	7	5
7	4	6	3	1	9	5	8	2
5	8	1	4	2	6	3	9	7
3	2	9	8	5	7	4	6	1

Puzzle 11

7	5	1	4	9	6	8	2	3
4	8	2	1	3	5	6	9	7
6	9	3	2	7	8	5	1	4
3	2	6	9	4	7	1	8	5
9	4	5	6	8	1	3	7	2
1	7	8	5	2	3	9	4	6
8	1	4	3	5	2	7	6	9
2	3	7	8	6	9	4	5	1
5	6	9	7	1	4	2	3	8

Puzzle 12

Puzzle 13

7	2	8	6	9	3	1	4	5
5	3	1	2	4	8	7	9	6
9	6	4	7	5	1	8	3	2
8	5	7	3	1	2	9	6	4
4	9	6	8	7	5	2	1	3
3	1	2	9	6	4	5	8	7
2	4	9	5	8	6	3	7	1
1	7	5	4	3	9	6	2	8
6	8	3	1	2	7	4	5	9

Puzzle 14

9	2	4	8	3	1	6	5	7
7	3	5	6	2	9	4	1	8
6	8	1	5	7	4	3	9	2
4	9	6	2	5	7	1	8	3
1	7	2	3	9	8	5	6	4
3	5	8	4	1	6	7	2	9
8	6	7	1	4	2	9	3	5
5	1	9	7	8	3	2	4	6
2	4	3	9	6	5	8	7	1

Puzzle 15

8	2	4	6	7	9	1	3	5
3	6	5	1	4	2	7	8	9
1	7	9	5	3	8	6	2	4
6	4	8	9	2	3	5	7	1
7	5	3	4	6	1	2	9	8
9	1	2	8	5	7	4	6	3
4	8	1	7	9	6	3	5	2
2	9	7	3	1	5	8	4	6
5	3	6	2	8	4	9	1	7

Puzzle 16

3	8	1	2	5	6	9	7	4
7	9	5	3	8	4	2	1	6
4	2	6	1	7	9	5	8	3
5	1	4	7	3	8	6	9	2
9	7	2	5	6	1	3	4	8
8	6	3	4	9	2	7	5	1
1	4	7	6	2	5	8	3	9
6	5	8	9	1	3	4	2	7
2	3	9	8	4	7	1	6	5

7	3	5	6	4	8	1	2	9
2	1	8	9	7	5	4	6	3
6	4	9	3	2	1	5	7	8
9	8	1	4	6	3	7	5	2
5	6	2	7	8	9	3	4	1
4	7	3	1	5	2	8	9	6
8	2	4	5	3	6	9	1	7
1	5	6	8	9	7	2	3	4
3	9	7	2	1	4	6	8	5

Puzzle 17

8	1	9	7	2	4	6	5	3
5	7	3	9	8	6	1	2	4
6	2	4	3	1	5	9	8	7
3	6	1	2	7	8	4	9	5
4	8	7	5	3	9	2	6	1
9	5	2	4	6	1	7	3	8
1	3	6	8	4	2	5	7	9
7	4	5	6	9	3	8	1	2
2	9	8	1	5	7	3	4	6

Puzzle 18

7	3	6	9	4	1	8	2	5
5	9	2	8	6	7	3	4	1
1	4	8	2	5	3	9	6	7
4	1	3	5	9	8	6	7	2
6	2	7	1	3	4	5	8	9
8	5	9	7	2	6	1	3	4
9	6	5	3	7	2	4	1	8
3	7	1	4	8	9	2	5	6
2	8	4	6	1	5	7	9	3

Puzzle 19

4	6	2	9	3	7	5	1	8
9	8	5	4	6	1	3	2	7
1	7	3	8	2	5	4	6	9
7	1	4	3	9	6	8	5	2
6	2	8	5	1	4	9	7	3
5	3	9	2	7	8	1	4	6
2	4	6	1	8	3	7	9	5
8	5	7	6	4	9	2	3	1
3	9	1	7	5	2	6	8	4

Puzzle 20

3	5	7	9	6	1	8	4	2
8	1	6	4	3	2	7	9	5
9	2	4	8	5	7	1	3	6
4	6	3	7	9	8	2	5	1
1	7	2	5	4	3	6	8	9
5	8	9	2	1	6	3	7	4
2	9	8	6	7	4	5	1	3
6	3	5	1	8	9	4	2	7
7	4	1	3	2	5	9	6	8

Puzzle 21

4	3	9	7	1	6	5	2	8
6	5	8	2	4	3	9	1	7
2	7	1	8	5	9	4	6	3
7	2	6	9	8	1	3	4	5
1	8	5	3	6	4	7	9	2
9	4	3	5	7	2	1	8	6
5	6	7	4	9	8	2	3	1
3	1	4	6	2	7	8	5	9
8	9	2	1	3	5	6	7	4

Puzzle 22

9	1	6	4	5	2	7	3	8
3	7	8	9	6	1	5	4	2
4	5	2	8	3	7	9	6	1
1	4	7	6	8	5	3	2	9
8	6	9	1	2	3	4	5	7
2	3	5	7	4	9	8	1	6
6	2	3	5	9	8	1	7	4
5	9	1	2	7	4	6	8	3
7	8	4	3	1	6	2	9	5

Puzzle 23

5	9	6	2	3	7	1	8	4
7	4	3	8	9	1	2	5	6
1	2	8	4	5	6	7	9	3
8	7	2	1	6	3	9	4	5
6	5	9	7	2	4	3	1	8
3	1	4	9	8	5	6	2	7
4	6	7	5	1	2	8	3	9
2	8	5	3	7	9	4	6	1
9	3	1	6	4	8	5	7	2

Puzzle 24

Puzzle 25

5	8	9	7	4	1	3	6	2
4	7	2	6	8	3	9	1	5
1	6	3	9	5	2	8	4	7
2	9	5	1	7	4	6	3	8
8	3	1	2	9	6	7	5	4
6	4	7	5	3	8	2	9	1
3	1	6	4	2	7	5	8	9
9	2	8	3	1	5	4	7	6
7	5	4	8	6	9	1	2	3

Puzzle 26

7	3	5	9	8	4	2	1	6
4	6	1	3	2	7	5	8	9
8	2	9	1	6	5	3	4	7
6	9	4	8	5	3	7	2	1
3	1	2	7	9	6	8	5	4
5	7	8	4	1	2	6	9	3
9	4	7	5	3	8	1	6	2
1	8	6	2	7	9	4	3	5
2	5	3	6	4	1	9	7	8

Puzzle 27

9	7	6	5	2	4	8	1	3
5	8	1	3	6	7	2	4	9
3	4	2	8	1	9	5	7	6
6	9	5	7	3	1	4	8	2
7	2	8	4	9	6	3	5	1
4	1	3	2	8	5	9	6	7
1	5	4	9	7	3	6	2	8
2	3	7	6	4	8	1	9	5
8	6	9	1	5	2	7	3	4

Puzzle 28

2	4	3	9	5	7	1	8	6
9	7	8	1	6	4	3	5	2
6	5	1	3	8	2	4	7	9
4	3	9	8	1	6	5	2	7
1	6	7	5	2	3	9	4	8
5	8	2	4	7	9	6	1	3
8	9	5	7	3	1	2	6	4
7	2	4	6	9	5	8	3	1
3	1	6	2	4	8	7	9	5

4	5	3	2	9	7	6	8	1
9	2	8	1	6	4	3	7	5
1	6	7	8	5	3	4	2	9
5	4	2	7	3	6	9	1	8
8	1	6	9	2	5	7	3	4
7	3	9	4	8	1	5	6	2
2	8	5	6	7	9	1	4	3
3	7	4	5	1	8	2	9	6
6	9	1	3	4	2	8	5	7

Puzzle 29

3	5	9	2	4	7	8	1	6
6	8	2	9	5	1	7	3	4
4	1	7	8	3	6	5	9	2
9	7	3	5	2	4	6	8	1
1	2	8	6	9	3	4	5	7
5	6	4	1	7	8	9	2	3
2	4	5	3	6	9	1	7	8
7	3	1	4	8	5	2	6	9
8	9	6	7	1	2	3	4	5

Puzzle 30

6	1	4	5	7	3	2	8	9
8	7	3	1	2	9	4	6	5
9	2	5	4	8	6	7	3	1
1	9	6	3	4	8	5	7	2
4	3	7	2	5	1	6	9	8
5	8	2	9	6	7	1	4	3
2	5	9	7	3	4	8	1	6
3	4	8	6	1	2	9	5	7
7	6	1	8	9	5	3	2	4

Puzzle 31

9	5	3	2	4	8	7	6	1
2	7	4	9	1	6	3	8	5
8	1	6	7	5	3	4	2	9
1	4	9	8	6	2	5	3	7
3	2	7	1	9	5	6	4	8
5	6	8	3	7	4	9	1	2
7	3	1	6	8	9	2	5	4
4	9	2	5	3	1	8	7	6
6	8	5	4	2	7	1	9	3

Puzzle 32

4	5	2	6	3	7	9	8	1
6	7	1	9	2	8	4	3	5
9	3	8	1	5	4	7	2	6
8	6	4	5	1	3	2	7	9
2	1	3	7	6	9	5	4	8
7	9	5	8	4	2	6	1	3
1	4	6	3	7	5	8	9	2
3	2	9	4	8	6	1	5	7
5	8	7	2	9	1	3	6	4

Puzzle 33

7	4	3	9	8	2	1	6	5
6	1	5	4	7	3	8	2	9
2	9	8	5	6	1	3	7	4
5	3	6	7	9	4	2	1	8
8	7	1	6	2	5	9	4	3
4	2	9	1	3	8	6	5	7
3	6	2	8	4	7	5	9	1
1	8	4	2	5	9	7	3	6
9	5	7	3	1	6	4	8	2

Puzzle 34

2	8	6	7	3	1	4	5	9
3	4	9	2	5	8	6	7	1
7	5	1	6	9	4	3	8	2
5	1	8	4	7	3	9	2	6
9	6	3	5	1	2	8	4	7
4	2	7	8	6	9	1	3	5
1	9	5	3	4	7	2	6	8
8	7	4	1	2	6	5	9	3
6	3	2	9	8	5	7	1	4

Puzzle 35

1	6	5	4	8	3	7	2	9
2	4	3	9	7	1	6	8	5
9	7	8	5	6	2	3	4	1
5	8	4	3	2	7	1	9	6
6	9	7	1	4	5	2	3	8
3	1	2	6	9	8	5	7	4
4	2	1	7	5	9	8	6	3
8	3	6	2	1	4	9	5	7
7	5	9	8	3	6	4	1	2

Puzzle 36

Puzzle 37

7	3	5	6	1	9	2	8	4
4	2	8	7	5	3	6	1	9
6	9	1	2	8	4	3	7	5
9	4	6	8	3	5	1	2	7
2	1	7	4	9	6	5	3	8
8	5	3	1	2	7	4	9	6
1	7	4	3	6	8	9	5	2
5	6	2	9	7	1	8	4	3
3	8	9	5	4	2	7	6	1

Puzzle 38

8	4	6	3	1	7	5	9	2
1	7	5	9	8	2	6	3	4
2	3	9	6	5	4	1	8	7
4	8	3	5	6	1	7	2	9
5	1	7	2	9	3	4	6	8
9	6	2	4	7	8	3	5	1
3	2	1	8	4	6	9	7	5
7	5	8	1	3	9	2	4	6
6	9	4	7	2	5	8	1	3

Puzzle 39

2	8	7	9	5	4	3	1	6
1	4	3	7	8	6	5	2	9
9	6	5	2	3	1	8	7	4
7	3	2	5	9	8	4	6	1
4	5	1	6	7	3	2	9	8
6	9	8	1	4	2	7	5	3
8	2	9	4	6	7	1	3	5
5	7	4	3	1	9	6	8	2
3	1	6	8	2	5	9	4	7

Puzzle 40

8	2	4	6	7	9	3	1	5
3	6	1	5	8	2	9	4	7
7	9	5	4	3	1	8	6	2
1	8	7	9	4	5	6	2	3
9	5	6	1	2	3	7	8	4
2	4	3	8	6	7	5	9	1
4	7	2	3	9	6	1	5	8
6	1	8	7	5	4	2	3	9
5	3	9	2	1	8	4	7	6

Puzzle 41

7	6	8	9	5	4	3	2	1
5	4	2	3	6	1	7	9	8
1	9	3	2	8	7	5	6	4
9	3	5	7	4	8	6	1	2
2	7	4	6	1	9	8	5	3
8	1	6	5	2	3	4	7	9
3	5	9	4	7	2	1	8	6
6	2	1	8	3	5	9	4	7
4	8	7	1	9	6	2	3	5

Puzzle 42

9	2	6	4	1	8	7	3	5
4	7	3	9	2	5	8	6	1
1	8	5	3	7	6	9	4	2
2	3	4	8	5	9	1	7	6
6	5	7	2	3	1	4	8	9
8	1	9	6	4	7	2	5	3
7	6	1	5	9	4	3	2	8
3	9	8	7	6	2	5	1	4
5	4	2	1	8	3	6	9	7

Puzzle 43

6	2	1	7	5	4	9	3	8
7	5	8	9	2	3	4	1	6
3	4	9	1	6	8	5	2	7
5	3	6	2	9	1	8	7	4
8	7	2	3	4	6	1	9	5
9	1	4	8	7	5	2	6	3
4	9	3	5	1	7	6	8	2
1	6	7	4	8	2	3	5	9
2	8	5	6	3	9	7	4	1

Puzzle 44

6	5	7	4	1	2	9	8	3
9	8	2	3	7	5	6	1	4
4	1	3	8	6	9	5	7	2
7	4	6	5	3	1	8	2	9
3	2	5	9	8	4	1	6	7
1	9	8	7	2	6	4	3	5
8	7	9	6	4	3	2	5	1
2	6	4	1	5	7	3	9	8
5	3	1	2	9	8	7	4	6

Puzzle 45

4	1	3	6	2	5	9	8	7
8	5	9	7	4	1	2	6	3
6	2	7	8	9	3	1	4	5
1	7	5	9	6	8	3	2	4
2	4	8	1	3	7	5	9	6
9	3	6	4	5	2	7	1	8
3	8	1	2	7	6	4	5	9
7	9	2	5	8	4	6	3	1
5	6	4	3	1	9	8	7	2

Puzzle 46

6	5	2	1	3	7	4	8	9
9	4	7	6	8	2	3	1	5
8	3	1	5	4	9	2	6	7
7	9	8	3	5	1	6	4	2
2	1	5	7	6	4	8	9	3
4	6	3	9	2	8	5	7	1
1	8	6	2	7	3	9	5	4
3	7	4	8	9	5	1	2	6
5	2	9	4	1	6	7	3	8

Puzzle 47

9	7	4	8	1	6	2	3	5
1	2	3	5	9	4	8	7	6
5	6	8	3	7	2	9	4	1
6	1	2	7	8	9	4	5	3
4	9	5	6	2	3	7	1	8
8	3	7	1	4	5	6	2	9
7	5	1	2	6	8	3	9	4
2	8	9	4	3	1	5	6	7
3	4	6	9	5	7	1	8	2

Puzzle 48

9	3	1	4	8	5	7	6	2
7	4	6	1	2	3	9	8	5
2	5	8	7	6	9	4	1	3
5	6	9	8	3	2	1	7	4
1	2	7	9	5	4	6	3	8
4	8	3	6	1	7	5	2	9
3	9	4	2	7	6	8	5	1
8	7	2	5	9	1	3	4	6
6	1	5	3	4	8	2	9	7

8	4	9	5	3	6	7	2	1
1	2	3	7	4	9	8	6	5
6	5	7	1	8	2	3	4	9
5	3	1	2	7	8	6	9	4
9	7	2	6	5	4	1	3	8
4	6	8	9	1	3	2	5	7
2	9	5	8	6	1	4	7	3
3	1	6	4	9	7	5	8	2
7	8	4	3	2	5	9	1	6

Puzzle 49

8	4	2	5	7	9	6	1	3
6	1	5	3	4	8	9	7	2
7	9	3	6	1	2	8	5	4
1	8	6	4	3	7	2	9	5
4	2	7	9	8	5	3	6	1
3	5	9	2	6	1	7	4	8
2	6	1	8	9	4	5	3	7
5	3	4	7	2	6	1	8	9
9	7	8	1	5	3	4	2	6

Puzzle 50

7	3	9	2	6	4	5	1	8
6	5	1	8	7	3	4	2	9
8	2	4	5	9	1	6	3	7
3	9	2	4	5	8	7	6	1
1	4	6	3	2	7	8	9	5
5	7	8	9	1	6	3	4	2
2	8	7	6	3	9	1	5	4
9	1	3	7	4	5	2	8	6
4	6	5	1	8	2	9	7	3

Puzzle 51

8	1	9	4	3	2	6	5	7
5	6	7	8	9	1	4	2	3
2	4	3	5	7	6	8	9	1
1	5	8	7	6	9	3	4	2
9	2	4	3	8	5	7	1	6
3	7	6	1	2	4	9	8	5
6	9	1	2	4	7	5	3	8
4	3	5	6	1	8	2	7	9
7	8	2	9	5	3	1	6	4

Puzzle 52

9	5	1	4	3	2	7	8	6
6	8	3	1	7	5	4	9	2
7	4	2	8	9	6	5	3	1
5	6	9	3	2	4	8	1	7
2	1	8	9	5	7	3	6	4
4	3	7	6	1	8	2	5	9
1	9	4	7	8	3	6	2	5
8	7	5	2	6	1	9	4	3
3	2	6	5	4	9	1	7	8

Puzzle 53

9	1	3	6	4	5	8	7	2
5	7	8	2	3	9	6	4	1
4	2	6	8	1	7	3	9	5
8	5	2	7	6	1	9	3	4
1	9	4	5	8	3	7	2	6
3	6	7	9	2	4	5	1	8
7	4	1	3	5	6	2	8	9
6	8	9	4	7	2	1	5	3
2	3	5	1	9	8	4	6	7

Puzzle 54

1	6	5	4	3	9	7	8	2
8	9	3	2	1	7	5	4	6
4	2	7	6	8	5	9	1	3
3	4	8	1	5	2	6	9	7
2	7	6	9	4	8	3	5	1
5	1	9	7	6	3	8	2	4
9	8	4	3	2	6	1	7	5
7	3	1	5	9	4	2	6	8
6	5	2	8	7	1	4	3	9

Puzzle 55

7	8	3	4	6	5	2	9	1
4	1	2	8	9	7	3	6	5
6	9	5	1	3	2	8	7	4
1	5	8	2	7	9	6	4	3
3	2	4	5	8	6	7	1	9
9	6	7	3	4	1	5	8	2
2	7	1	6	5	4	9	3	8
5	3	6	9	1	8	4	2	7
8	4	9	7	2	3	1	5	6

Puzzle 56

2	7	1	8	6	4	3	9	5
3	8	9	5	2	1	6	4	7
5	6	4	7	9	3	1	2	8
9	4	2	3	8	7	5	1	6
8	1	3	6	4	5	9	7	2
6	5	7	2	1	9	8	3	4
4	3	6	1	5	2	7	8	9
1	9	5	4	7	8	2	6	3
7	2	8	9	3	6	4	5	1

Puzzle 57

9	8	3	1	5	6	7	2	4
7	2	4	3	9	8	6	1	5
1	6	5	7	2	4	9	3	8
4	3	9	2	1	7	8	5	6
5	1	8	6	4	9	2	7	3
2	7	6	5	8	3	4	9	1
3	5	7	4	6	2	1	8	9
8	4	1	9	7	5	3	6	2
6	9	2	8	3	1	5	4	7

Puzzle 58

6	8	5	4	7	1	2	9	3
2	7	9	8	6	3	5	4	1
4	3	1	5	9	2	6	8	7
3	4	6	7	8	9	1	5	2
5	2	8	3	1	6	9	7	4
9	1	7	2	4	5	3	6	8
1	5	4	6	3	7	8	2	9
8	6	3	9	2	4	7	1	5
7	9	2	1	5	8	4	3	6

Puzzle 59

1	5	3	8	9	6	4	7	2
7	4	2	1	3	5	9	8	6
9	6	8	4	7	2	1	3	5
5	2	4	9	1	8	7	6	3
6	7	1	2	4	3	5	9	8
8	3	9	6	5	7	2	1	4
2	8	7	5	6	9	3	4	1
4	9	5	3	8	1	6	2	7
3	1	6	7	2	4	8	5	9

Puzzle 60

Puzzle 61

8	2	6	9	4	1	7	3	5
7	1	3	5	6	2	9	4	8
5	9	4	3	8	7	1	6	2
6	5	9	4	2	8	3	7	1
3	8	1	7	9	6	5	2	4
2	4	7	1	3	5	8	9	6
1	6	5	2	7	9	4	8	3
9	3	8	6	1	4	2	5	7
4	7	2	8	5	3	6	1	9

Puzzle 62

9	3	6	1	4	7	2	8	5
2	4	7	5	3	8	6	1	9
1	8	5	9	6	2	4	3	7
5	7	2	4	1	9	8	6	3
6	1	4	8	7	3	9	5	2
3	9	8	6	2	5	7	4	1
4	6	3	2	9	1	5	7	8
7	5	9	3	8	6	1	2	4
8	2	1	7	5	4	3	9	6

Puzzle 63

7	5	2	8	1	9	3	6	4
6	3	8	2	4	5	1	9	7
4	9	1	3	7	6	8	5	2
5	6	9	4	3	2	7	8	1
2	1	7	6	9	8	5	4	3
3	8	4	1	5	7	9	2	6
1	4	6	9	8	3	2	7	5
8	2	5	7	6	1	4	3	9
9	7	3	5	2	4	6	1	8

Puzzle 64

9	8	2	4	3	7	5	1	6
5	6	1	8	9	2	7	3	4
3	7	4	5	6	1	8	9	2
2	9	3	6	1	8	4	7	5
1	5	8	7	4	3	6	2	9
6	4	7	2	5	9	3	8	1
7	3	5	1	2	4	9	6	8
4	2	9	3	8	6	1	5	7
8	1	6	9	7	5	2	4	3

4	5	9	2	1	6	3	8	7
1	8	3	4	7	9	5	6	2
6	2	7	5	8	3	1	4	9
2	1	4	7	6	5	9	3	8
3	9	5	8	2	1	4	7	6
8	7	6	9	3	4	2	5	1
7	3	2	1	5	8	6	9	4
9	6	1	3	4	7	8	2	5
5	4	8	6	9	2	7	1	3

Puzzle 65

6	8	3	9	5	2	4	7	1
7	9	2	6	1	4	5	3	8
5	4	1	3	7	8	2	9	6
9	2	5	4	3	1	8	6	7
8	7	6	5	2	9	1	4	3
3	1	4	7	8	6	9	5	2
2	3	7	8	4	5	6	1	9
1	5	9	2	6	7	3	8	4
4	6	8	1	9	3	7	2	5

Puzzle 66

5	4	6	2	3	7	9	1	8
9	3	8	1	6	5	4	7	2
7	1	2	8	9	4	5	3	6
6	8	5	3	7	1	2	4	9
4	2	7	9	5	6	1	8	3
1	9	3	4	2	8	7	6	5
8	6	4	5	1	2	3	9	7
2	7	9	6	4	3	8	5	1
3	5	1	7	8	9	6	2	4

Puzzle 67

3	7	9	5	8	4	2	6	1
1	4	6	9	2	7	8	3	5
8	5	2	3	6	1	7	9	4
2	8	5	7	1	9	6	4	3
6	1	4	2	3	5	9	8	7
7	9	3	8	4	6	1	5	2
9	2	8	1	5	3	4	7	6
5	6	1	4	7	8	3	2	9
4	3	7	6	9	2	5	1	8

Puzzle 68

Puzzle 69

5	4	6	7	1	8	9	2	3
9	7	3	4	2	6	5	8	1
1	8	2	3	5	9	6	4	7
3	5	9	6	7	2	4	1	8
8	1	4	9	3	5	7	6	2
6	2	7	1	8	4	3	5	9
4	6	1	8	9	3	2	7	5
2	3	8	5	4	7	1	9	6
7	9	5	2	6	1	8	3	4

Puzzle 70

5	4	2	1	8	9	3	6	7
7	6	9	3	4	5	2	8	1
3	1	8	2	7	6	9	4	5
1	3	5	8	6	4	7	2	9
8	2	7	9	1	3	4	5	6
4	9	6	5	2	7	8	1	3
6	7	3	4	5	2	1	9	8
9	8	4	6	3	1	5	7	2
2	5	1	7	9	8	6	3	4

Puzzle 71

1	7	6	4	3	8	2	5	9
2	4	5	1	9	7	3	6	8
9	8	3	6	2	5	7	4	1
6	2	8	5	7	3	9	1	4
3	1	4	9	8	6	5	7	2
5	9	7	2	1	4	8	3	6
7	6	9	3	4	2	1	8	5
4	3	2	8	5	1	6	9	7
8	5	1	7	6	9	4	2	3

Puzzle 72

4	9	2	5	7	8	1	6	3
1	7	6	4	2	3	8	5	9
3	5	8	6	9	1	2	4	7
5	3	1	2	8	7	6	9	4
6	4	9	1	3	5	7	8	2
8	2	7	9	4	6	3	1	5
9	8	3	7	1	4	5	2	6
7	6	4	8	5	2	9	3	1
2	1	5	3	6	9	4	7	8

Puzzle 73

4	6	8	5	2	1	3	7	9
7	3	9	6	4	8	5	1	2
1	2	5	9	7	3	8	6	4
2	1	3	4	5	6	9	8	7
6	5	7	8	9	2	4	3	1
9	8	4	3	1	7	6	2	5
8	9	1	2	3	4	7	5	6
5	7	6	1	8	9	2	4	3
3	4	2	7	6	5	1	9	8

Puzzle 74

9	7	4	2	6	3	8	1	5
5	8	2	9	7	1	4	6	3
6	1	3	5	4	8	2	9	7
1	3	9	4	8	7	5	2	6
4	2	8	6	9	5	7	3	1
7	5	6	1	3	2	9	8	4
3	9	5	7	2	6	1	4	8
8	4	1	3	5	9	6	7	2
2	6	7	8	1	4	3	5	9

Puzzle 75

6	1	7	3	4	9	2	5	8
5	2	8	1	6	7	4	3	9
9	4	3	2	5	8	7	6	1
4	7	2	5	9	6	8	1	3
3	8	6	4	2	1	5	9	7
1	9	5	7	8	3	6	4	2
7	5	4	9	3	2	1	8	6
8	3	1	6	7	4	9	2	5
2	6	9	8	1	5	3	7	4

Puzzle 76

7	4	2	5	6	3	9	8	1
5	8	9	4	7	1	3	6	2
1	6	3	9	8	2	7	5	4
8	1	7	6	2	5	4	3	9
9	3	6	1	4	7	5	2	8
2	5	4	3	9	8	6	1	7
3	7	8	2	5	4	1	9	6
4	9	1	8	3	6	2	7	5
6	2	5	7	1	9	8	4	3

Puzzle 77

7	6	2	9	5	4	3	1	8
3	8	4	7	6	1	9	2	5
1	5	9	3	2	8	6	4	7
8	3	5	1	4	2	7	9	6
4	1	6	8	7	9	5	3	2
2	9	7	6	3	5	4	8	1
9	7	1	5	8	3	2	6	4
6	4	8	2	9	7	1	5	3
5	2	3	4	1	6	8	7	9

Puzzle 78

3	9	5	1	7	2	6	4	8
2	1	6	9	4	8	5	7	3
4	7	8	5	3	6	9	2	1
6	5	1	2	8	3	7	9	4
7	4	9	6	5	1	8	3	2
8	3	2	7	9	4	1	6	5
9	6	3	4	1	5	2	8	7
5	2	4	8	6	7	3	1	9
1	8	7	3	2	9	4	5	6

6	8	3	1	5	7	2	9	4
4	1	9	6	8	2	7	3	5
7	2	5	3	9	4	8	1	6
8	9	4	5	7	1	6	2	3
2	5	1	4	3	6	9	7	8
3	6	7	9	2	8	4	5	1
9	4	2	8	1	5	3	6	7
5	3	8	7	6	9	1	4	2
1	7	6	2	4	3	5	8	9

Puzzle 79

9	4	5	6	7	8	3	1	2
1	8	3	4	2	9	6	5	7
6	7	2	5	1	3	8	9	4
7	5	9	8	3	1	4	2	6
2	3	4	9	5	6	1	7	8
8	6	1	7	4	2	5	3	9
3	1	7	2	6	4	9	8	5
4	2	8	1	9	5	7	6	3
5	9	6	3	8	7	2	4	1

Puzzle 80

4	1	8	7	2	5	6	3	9
7	3	6	9	4	8	5	2	1
2	9	5	6	1	3	7	4	8
1	8	9	4	3	7	2	6	5
5	6	7	2	8	1	3	9	4
3	4	2	5	6	9	1	8	7
8	2	3	1	5	4	9	7	6
6	7	1	8	9	2	4	5	3
9	5	4	3	7	6	8	1	2

Puzzle 81

2	7	4	8	5	1	3	6	9
9	6	8	7	3	2	5	1	4
3	5	1	9	6	4	7	8	2
5	9	3	4	8	6	2	7	1
1	8	7	5	2	3	4	9	6
6	4	2	1	9	7	8	5	3
4	2	5	6	7	9	1	3	8
8	1	6	3	4	5	9	2	7
7	3	9	2	1	8	6	4	5

Puzzle 82

Puzzle 83

9	5	3	4	1	8	7	6	2
6	7	4	9	3	2	8	5	1
2	8	1	7	5	6	3	9	4
1	9	5	6	7	4	2	3	8
7	3	8	2	9	1	6	4	5
4	6	2	5	8	3	1	7	9
5	4	6	1	2	7	9	8	3
3	1	7	8	4	9	5	2	6
8	2	9	3	6	5	4	1	7

Puzzle 83

Puzzle 84

1	5	9	7	2	3	4	8	6
4	6	3	5	9	8	2	1	7
8	2	7	1	4	6	5	3	9
9	4	5	3	8	2	7	6	1
2	8	6	4	1	7	3	9	5
3	7	1	6	5	9	8	2	4
6	9	8	2	7	4	1	5	3
5	3	4	8	6	1	9	7	2
7	1	2	9	3	5	6	4	8

Puzzle 84

5	3	1	7	6	4	9	8	2
2	7	8	5	9	1	4	6	3
9	6	4	3	8	2	5	1	7
4	2	5	9	3	8	6	7	1
8	1	7	4	5	6	2	3	9
6	9	3	2	1	7	8	5	4
7	5	6	1	4	9	3	2	8
3	4	2	8	7	5	1	9	6
1	8	9	6	2	3	7	4	5

Puzzle 85

4	2	8	3	9	6	7	5	1
3	5	7	4	1	8	2	6	9
9	6	1	7	2	5	4	3	8
1	9	6	5	7	3	8	2	4
7	4	2	8	6	1	3	9	5
5	8	3	9	4	2	6	1	7
2	7	4	1	3	9	5	8	6
6	1	5	2	8	7	9	4	3
8	3	9	6	5	4	1	7	2

Puzzle 86

9	1	5	8	6	7	4	2	3
4	2	3	9	1	5	8	7	6
7	8	6	2	3	4	1	5	9
6	9	8	7	5	1	3	4	2
5	3	2	4	9	8	6	1	7
1	7	4	6	2	3	9	8	5
3	5	7	1	4	6	2	9	8
8	4	9	3	7	2	5	6	1
2	6	1	5	8	9	7	3	4

Puzzle 87

6	9	4	5	7	3	8	2	1
7	3	1	8	4	2	6	9	5
2	8	5	9	1	6	3	7	4
3	5	8	6	9	7	4	1	2
9	7	2	4	8	1	5	6	3
4	1	6	3	2	5	9	8	7
1	4	9	2	5	8	7	3	6
5	6	7	1	3	9	2	4	8
8	2	3	7	6	4	1	5	9

Puzzle 88

6	8	5	7	2	1	4	3	9
2	1	9	5	3	4	7	8	6
4	7	3	9	8	6	2	5	1
5	9	1	8	6	7	3	4	2
3	2	7	4	5	9	1	6	8
8	6	4	2	1	3	9	7	5
9	5	8	3	4	2	6	1	7
1	3	2	6	7	8	5	9	4
7	4	6	1	9	5	8	2	3

Puzzle 89

5	7	3	4	9	1	6	8	2
8	2	9	5	6	3	1	7	4
1	6	4	2	7	8	5	3	9
9	4	1	3	5	7	2	6	8
3	8	2	6	1	9	7	4	5
6	5	7	8	4	2	9	1	3
2	9	6	7	8	4	3	5	1
4	3	5	1	2	6	8	9	7
7	1	8	9	3	5	4	2	6

Puzzle 90

8	7	2	1	3	5	6	4	9
3	4	5	2	6	9	7	1	8
9	1	6	7	8	4	5	3	2
5	2	1	6	7	3	8	9	4
7	6	9	8	4	2	1	5	3
4	8	3	9	5	1	2	7	6
6	5	8	4	9	7	3	2	1
2	9	7	3	1	6	4	8	5
1	3	4	5	2	8	9	6	7

Puzzle 91

5	1	3	7	9	2	6	8	4
9	2	4	1	8	6	5	7	3
8	6	7	5	4	3	2	9	1
7	4	1	8	6	9	3	5	2
3	5	2	4	7	1	8	6	9
6	9	8	2	3	5	4	1	7
2	8	5	3	1	7	9	4	6
1	3	6	9	5	4	7	2	8
4	7	9	6	2	8	1	3	5

Puzzle 92

3	2	6	9	7	4	8	5	1
5	1	8	6	3	2	4	7	9
9	7	4	8	5	1	2	3	6
1	4	3	7	6	8	9	2	5
8	9	2	3	4	5	6	1	7
6	5	7	1	2	9	3	8	4
7	6	5	4	8	3	1	9	2
4	3	1	2	9	7	5	6	8
2	8	9	5	1	6	7	4	3

Puzzle 93

4	5	6	7	3	2	8	9	1
1	2	8	6	9	5	4	3	7
7	3	9	8	4	1	5	6	2
3	8	4	2	7	6	1	5	9
9	1	2	3	5	8	7	4	6
6	7	5	4	1	9	2	8	3
5	6	3	1	8	7	9	2	4
8	4	7	9	2	3	6	1	5
2	9	1	5	6	4	3	7	8

Puzzle 94

2	7	8	9	5	1	4	6	3
4	3	5	2	8	6	9	7	1
6	9	1	4	7	3	5	8	2
7	8	6	3	9	2	1	5	4
3	2	4	1	6	5	7	9	8
1	5	9	7	4	8	3	2	6
5	4	2	6	3	9	8	1	7
9	6	7	8	1	4	2	3	5
8	1	3	5	2	7	6	4	9

Puzzle 95

2	7	8	9	5	4	6	1	3
5	4	6	8	3	1	7	9	2
1	3	9	6	7	2	8	4	5
6	2	5	1	9	8	3	7	4
4	8	1	3	6	7	2	5	9
3	9	7	2	4	5	1	8	6
9	1	2	5	8	3	4	6	7
8	6	4	7	2	9	5	3	1
7	5	3	4	1	6	9	2	8

Puzzle 96

7	9	4	2	5	1	3	8	6
1	6	5	8	3	4	9	7	2
3	2	8	7	6	9	4	1	5
9	8	7	6	2	3	5	4	1
4	3	2	1	9	5	8	6	7
5	1	6	4	8	7	2	9	3
6	5	3	9	1	8	7	2	4
2	4	9	5	7	6	1	3	8
8	7	1	3	4	2	6	5	9

Puzzle 97

2	5	8	4	6	7	1	3	9
9	7	1	2	5	3	6	8	4
3	6	4	9	1	8	7	2	5
5	2	6	7	9	1	3	4	8
4	8	7	5	3	6	9	1	2
1	9	3	8	2	4	5	6	7
7	3	2	1	8	9	4	5	6
6	4	5	3	7	2	8	9	1
8	1	9	6	4	5	2	7	3

Puzzle 98

Puzzle 99

3	5	9	1	8	7	2	4	6
7	6	4	2	9	3	8	5	1
1	2	8	6	4	5	7	3	9
8	4	1	9	3	6	5	7	2
5	7	6	8	2	1	4	9	3
9	3	2	7	5	4	6	1	8
6	9	5	3	7	2	1	8	4
4	1	3	5	6	8	9	2	7
2	8	7	4	1	9	3	6	5

Puzzle 100

5	1	4	3	2	6	9	8	7
2	9	7	8	4	1	3	6	5
6	8	3	5	7	9	2	4	1
3	4	9	7	8	2	1	5	6
7	5	1	6	3	4	8	2	9
8	6	2	9	1	5	7	3	4
4	3	6	1	9	8	5	7	2
1	7	5	2	6	3	4	9	8
9	2	8	4	5	7	6	1	3

Puzzle 101

1	7	9	8	5	3	6	2	4
4	5	2	7	6	1	8	3	9
3	8	6	9	2	4	1	7	5
6	9	7	4	1	2	3	5	8
2	4	5	6	3	8	7	9	1
8	1	3	5	9	7	4	6	2
5	2	4	1	7	6	9	8	3
7	3	1	2	8	9	5	4	6
9	6	8	3	4	5	2	1	7

Puzzle 102

1	3	2	8	5	6	4	9	7
4	7	9	1	3	2	6	8	5
5	6	8	7	4	9	2	3	1
6	8	1	5	9	4	7	2	3
2	5	7	3	6	1	9	4	8
9	4	3	2	8	7	5	1	6
7	9	6	4	1	3	8	5	2
8	1	4	6	2	5	3	7	9
3	2	5	9	7	8	1	6	4

4	5	6	9	2	7	8	3	1
1	2	3	8	5	6	4	9	7
7	8	9	3	1	4	2	5	6
5	9	4	6	3	2	1	7	8
3	1	2	5	7	8	6	4	9
6	7	8	4	9	1	3	2	5
8	6	5	7	4	3	9	1	2
9	3	1	2	8	5	7	6	4
2	4	7	1	6	9	5	8	3

Puzzle 103

7	3	9	6	1	5	4	2	8
2	8	6	4	7	9	3	1	5
1	4	5	3	8	2	6	7	9
3	5	1	8	9	4	2	6	7
4	9	7	2	6	3	5	8	1
6	2	8	1	5	7	9	3	4
5	7	3	9	2	1	8	4	6
8	1	2	5	4	6	7	9	3
9	6	4	7	3	8	1	5	2

Puzzle 104

2	3	6	4	5	8	9	1	7
7	9	4	1	6	2	5	3	8
8	1	5	3	9	7	4	6	2
9	2	3	5	8	1	6	7	4
4	5	8	6	7	3	1	2	9
6	7	1	2	4	9	3	8	5
3	8	9	7	1	4	2	5	6
5	4	2	8	3	6	7	9	1
1	6	7	9	2	5	8	4	3

Puzzle 105

9	7	6	8	4	1	2	5	3
3	1	2	6	5	7	8	9	4
5	4	8	9	2	3	7	1	6
8	6	4	3	9	2	5	7	1
2	5	1	4	7	6	3	8	9
7	3	9	1	8	5	4	6	2
1	2	3	5	6	8	9	4	7
4	8	7	2	1	9	6	3	5
6	9	5	7	3	4	1	2	8

Puzzle 106

Puzzle 107

1	8	9	5	7	6	2	3	4
5	2	3	4	1	9	8	7	6
7	6	4	2	8	3	9	1	5
9	4	2	3	6	7	5	8	1
8	1	7	9	4	5	3	6	2
6	3	5	8	2	1	7	4	9
3	9	1	7	5	4	6	2	8
4	5	8	6	3	2	1	9	7
2	7	6	1	9	8	4	5	3

Puzzle 108

5	9	1	6	4	8	2	7	3
6	7	2	1	3	9	8	4	5
3	8	4	2	7	5	1	9	6
2	6	5	7	1	3	9	8	4
8	4	7	9	5	6	3	1	2
9	1	3	8	2	4	5	6	7
7	3	8	4	9	2	6	5	1
4	2	6	5	8	1	7	3	9
1	5	9	3	6	7	4	2	8

Puzzle 109

6	9	7	8	5	3	1	2	4
4	1	2	7	6	9	3	8	5
5	8	3	1	2	4	6	9	7
7	6	8	5	3	1	2	4	9
2	3	9	4	8	7	5	1	6
1	5	4	6	9	2	7	3	8
8	2	5	9	1	6	4	7	3
3	7	6	2	4	8	9	5	1
9	4	1	3	7	5	8	6	2

Puzzle 110

6	7	9	4	8	3	2	1	5
1	4	5	2	6	9	7	3	8
3	2	8	5	7	1	6	4	9
9	1	3	7	2	8	5	6	4
2	5	6	1	9	4	8	7	3
7	8	4	6	3	5	9	2	1
5	6	1	8	4	7	3	9	2
8	9	2	3	1	6	4	5	7
4	3	7	9	5	2	1	8	6

4	7	3	6	5	8	9	1	2
1	9	6	7	2	4	3	8	5
5	8	2	1	3	9	6	4	7
8	4	9	5	1	6	7	2	3
3	1	5	8	7	2	4	6	9
2	6	7	4	9	3	1	5	8
7	2	8	3	6	1	5	9	4
6	5	4	9	8	7	2	3	1
9	3	1	2	4	5	8	7	6

Puzzle 111

4	1	2	8	9	7	6	5	3
5	8	3	6	2	4	7	1	9
6	9	7	3	1	5	8	2	4
3	7	5	2	6	1	4	9	8
2	4	9	7	5	8	3	6	1
1	6	8	9	4	3	5	7	2
8	5	1	4	7	9	2	3	6
7	2	4	1	3	6	9	8	5
9	3	6	5	8	2	1	4	7

Puzzle 112

8	1	4	5	6	9	3	2	7
3	7	6	2	4	1	9	8	5
2	9	5	3	8	7	6	1	4
7	5	9	1	2	8	4	6	3
4	3	2	9	7	6	1	5	8
1	6	8	4	5	3	7	9	2
9	4	7	8	1	5	2	3	6
5	2	1	6	3	4	8	7	9
6	8	3	7	9	2	5	4	1

Puzzle 113

1	3	5	6	9	7	2	8	4
8	2	6	5	3	4	1	9	7
7	9	4	2	8	1	5	6	3
5	1	9	8	6	3	7	4	2
6	4	2	9	7	5	3	1	8
3	8	7	4	1	2	6	5	9
9	5	8	7	2	6	4	3	1
4	7	3	1	5	8	9	2	6
2	6	1	3	4	9	8	7	5

Puzzle 114

2	1	6	4	5	8	3	9	7
9	3	7	2	6	1	4	5	8
5	4	8	9	3	7	6	1	2
7	2	4	6	8	5	9	3	1
1	9	5	7	4	3	2	8	6
6	8	3	1	9	2	7	4	5
3	5	9	8	7	6	1	2	4
4	6	2	5	1	9	8	7	3
8	7	1	3	2	4	5	6	9

Puzzle 115

6	4	1	2	8	9	5	7	3
7	5	3	6	1	4	8	9	2
2	9	8	5	3	7	1	4	6
1	2	7	8	6	3	4	5	9
4	8	5	9	2	1	3	6	7
9	3	6	7	4	5	2	8	1
5	1	2	4	7	6	9	3	8
3	6	9	1	5	8	7	2	4
8	7	4	3	9	2	6	1	5

Puzzle 116

3	1	7	8	5	6	4	2	9
4	9	5	3	2	7	6	8	1
6	8	2	9	4	1	7	3	5
9	4	3	2	8	5	1	7	6
5	7	1	4	6	3	8	9	2
8	2	6	1	7	9	5	4	3
7	6	8	5	3	2	9	1	4
1	3	4	6	9	8	2	5	7
2	5	9	7	1	4	3	6	8

Puzzle 117

5	8	7	1	3	9	4	2	6
9	6	1	5	4	2	7	3	8
2	3	4	6	8	7	1	9	5
3	1	2	9	6	5	8	4	7
8	9	6	4	7	1	2	5	3
7	4	5	3	2	8	6	1	9
6	7	9	2	1	3	5	8	4
1	5	8	7	9	4	3	6	2
4	2	3	8	5	6	9	7	1

Puzzle 118

9	4	8	6	5	7	2	1	3
3	5	2	1	4	8	6	9	7
1	7	6	2	9	3	5	4	8
7	1	9	4	6	2	8	3	5
8	2	5	3	7	9	4	6	1
6	3	4	8	1	5	7	2	9
4	9	3	7	8	6	1	5	2
2	8	1	5	3	4	9	7	6
5	6	7	9	2	1	3	8	4

Puzzle 119

9	6	2	3	7	5	1	4	8
8	4	1	6	2	9	5	3	7
5	7	3	4	1	8	6	2	9
6	8	9	7	4	2	3	5	1
1	2	5	8	6	3	9	7	4
4	3	7	9	5	1	2	8	6
3	1	8	2	9	4	7	6	5
7	9	4	5	3	6	8	1	2
2	5	6	1	8	7	4	9	3

Puzzle 120

9	8	2	5	4	3	6	7	1
5	1	4	6	7	2	8	3	9
6	3	7	1	9	8	2	5	4
1	9	6	2	8	7	3	4	5
3	7	5	4	6	9	1	8	2
2	4	8	3	5	1	9	6	7
4	5	1	8	2	6	7	9	3
8	2	9	7	3	5	4	1	6
7	6	3	9	1	4	5	2	8

Puzzle 121

6	3	7	1	9	8	4	2	5
5	1	2	4	7	6	8	3	9
8	9	4	2	5	3	1	7	6
4	8	6	3	2	1	9	5	7
7	2	9	5	6	4	3	8	1
3	5	1	9	8	7	6	4	2
1	6	8	7	3	5	2	9	4
2	4	5	8	1	9	7	6	3
9	7	3	6	4	2	5	1	8

Puzzle 122

Puzzle 123

1	2	7	8	9	4	5	3	6
3	6	4	2	7	5	9	8	1
8	5	9	1	3	6	7	4	2
6	3	5	9	1	2	4	7	8
4	9	1	6	8	7	2	5	3
7	8	2	5	4	3	6	1	9
2	7	6	3	5	8	1	9	4
5	1	3	4	2	9	8	6	7
9	4	8	7	6	1	3	2	5

Puzzle 124

7	9	2	5	6	8	4	3	1
3	8	6	4	7	1	9	2	5
1	5	4	3	9	2	8	7	6
9	4	5	6	2	7	1	8	3
8	6	1	9	3	5	2	4	7
2	7	3	8	1	4	6	5	9
4	3	9	7	8	6	5	1	2
6	1	8	2	5	3	7	9	4
5	2	7	1	4	9	3	6	8

Puzzle 125

8	7	3	9	2	5	1	4	6
2	5	6	1	3	4	9	8	7
4	9	1	7	6	8	3	5	2
9	6	5	8	7	3	2	1	4
7	1	4	6	5	2	8	3	9
3	2	8	4	1	9	7	6	5
5	3	7	2	8	6	4	9	1
6	4	2	3	9	1	5	7	8
1	8	9	5	4	7	6	2	3

Puzzle 126

4	5	3	9	6	1	2	8	7
9	1	8	2	7	4	6	3	5
6	7	2	3	8	5	1	4	9
3	2	9	4	5	7	8	6	1
7	6	1	8	9	3	5	2	4
8	4	5	1	2	6	9	7	3
5	9	6	7	4	8	3	1	2
2	3	4	6	1	9	7	5	8
1	8	7	5	3	2	4	9	6

Puzzle 127

9	4	2	1	6	8	5	3	7
5	1	7	3	4	2	8	9	6
6	3	8	9	5	7	2	4	1
3	5	9	6	8	1	7	2	4
2	7	4	5	9	3	6	1	8
1	8	6	2	7	4	9	5	3
8	9	5	4	1	6	3	7	2
4	6	3	7	2	9	1	8	5
7	2	1	8	3	5	4	6	9

Puzzle 128

2	6	9	5	3	7	1	4	8
7	1	4	2	8	9	6	5	3
8	3	5	6	1	4	2	7	9
1	2	3	9	4	6	5	8	7
9	8	7	3	5	1	4	6	2
4	5	6	7	2	8	3	9	1
6	7	1	4	9	2	8	3	5
3	4	2	8	7	5	9	1	6
5	9	8	1	6	3	7	2	4

Puzzle 129

4	9	5	1	7	3	6	8	2
2	1	8	4	5	6	3	9	7
6	3	7	9	2	8	5	1	4
3	2	1	8	4	7	9	6	5
9	8	6	2	3	5	7	4	1
5	7	4	6	9	1	8	2	3
8	4	3	7	6	2	1	5	9
1	5	2	3	8	9	4	7	6
7	6	9	5	1	4	2	3	8

Puzzle 130

9	4	1	6	5	8	7	3	2
7	6	3	2	9	1	5	4	8
8	2	5	4	7	3	9	1	6
2	5	7	1	8	9	3	6	4
3	9	4	7	6	2	8	5	1
1	8	6	3	4	5	2	9	7
4	1	8	9	3	7	6	2	5
5	3	2	8	1	6	4	7	9
6	7	9	5	2	4	1	8	3

Puzzle 131

4	8	7	9	3	5	6	2	1
1	9	6	8	4	2	3	7	5
3	2	5	1	6	7	8	9	4
5	4	3	6	2	1	7	8	9
2	7	9	4	5	8	1	6	3
8	6	1	7	9	3	4	5	2
9	5	8	3	7	4	2	1	6
6	1	4	2	8	9	5	3	7
7	3	2	5	1	6	9	4	8

Puzzle 132

2	8	1	5	3	6	4	9	7
7	5	4	1	9	8	2	3	6
3	9	6	2	4	7	1	8	5
6	3	2	4	8	5	7	1	9
8	7	9	6	2	1	5	4	3
4	1	5	9	7	3	6	2	8
9	2	8	7	5	4	3	6	1
1	4	7	3	6	9	8	5	2
5	6	3	8	1	2	9	7	4

Puzzle 133

6	8	5	3	1	9	4	7	2
4	1	9	2	5	7	6	3	8
2	7	3	4	8	6	1	5	9
5	2	1	9	6	3	8	4	7
8	6	7	5	4	1	9	2	3
3	9	4	7	2	8	5	1	6
7	4	2	6	9	5	3	8	1
9	3	8	1	7	4	2	6	5
1	5	6	8	3	2	7	9	4

Puzzle 134

5	2	4	6	1	9	8	3	7
3	6	7	2	8	5	4	1	9
9	8	1	4	7	3	5	2	6
6	5	3	1	2	8	7	9	4
7	9	2	3	4	6	1	5	8
4	1	8	5	9	7	2	6	3
2	4	9	8	3	1	6	7	5
1	7	5	9	6	4	3	8	2
8	3	6	7	5	2	9	4	1

8	1	9	6	2	4	3	5	7
5	7	3	1	8	9	2	4	6
2	6	4	7	3	5	8	9	1
9	2	1	8	4	7	6	3	5
4	5	7	3	1	6	9	8	2
3	8	6	5	9	2	7	1	4
1	9	2	4	7	8	5	6	3
7	4	5	9	6	3	1	2	8
6	3	8	2	5	1	4	7	9

Puzzle 135

8	4	3	6	7	9	5	2	1
6	9	2	8	1	5	4	3	7
7	1	5	2	4	3	9	6	8
2	5	9	1	8	7	3	4	6
4	3	8	5	6	2	7	1	9
1	6	7	3	9	4	8	5	2
5	7	4	9	2	1	6	8	3
9	2	6	4	3	8	1	7	5
3	8	1	7	5	6	2	9	4

Puzzle 136

7	1	5	3	2	8	6	4	9
4	2	6	5	9	7	8	3	1
3	8	9	1	4	6	7	5	2
2	9	4	6	5	3	1	7	8
5	7	3	2	8	1	9	6	4
8	6	1	9	7	4	3	2	5
1	5	7	4	6	9	2	8	3
6	3	2	8	1	5	4	9	7
9	4	8	7	3	2	5	1	6

Puzzle 137

7	3	6	1	8	2	4	9	5
9	8	4	6	5	7	1	3	2
1	5	2	4	9	3	6	7	8
5	2	1	9	3	8	7	4	6
3	6	7	5	4	1	2	8	9
4	9	8	2	7	6	3	5	1
8	1	5	7	2	4	9	6	3
2	4	3	8	6	9	5	1	7
6	7	9	3	1	5	8	2	4

Puzzle 138

Puzzle 139

5	7	9	6	3	4	2	8	1
2	1	8	9	7	5	3	4	6
3	4	6	1	2	8	9	7	5
4	8	2	5	6	3	7	1	9
9	6	7	4	1	2	5	3	8
1	5	3	8	9	7	4	6	2
6	2	4	3	8	9	1	5	7
7	3	1	2	5	6	8	9	4
8	9	5	7	4	1	6	2	3

Puzzle 140

9	4	1	3	5	7	6	2	8
5	6	3	2	8	9	7	1	4
2	7	8	6	4	1	9	5	3
3	2	7	5	9	4	8	6	1
1	8	6	7	2	3	4	9	5
4	5	9	1	6	8	2	3	7
7	9	5	8	3	2	1	4	6
6	1	4	9	7	5	3	8	2
8	3	2	4	1	6	5	7	9

Puzzle 141

9	8	3	6	4	1	7	5	2
4	2	7	5	8	9	6	3	1
6	1	5	7	2	3	4	9	8
1	9	8	4	7	6	3	2	5
5	3	4	8	1	2	9	7	6
2	7	6	9	3	5	1	8	4
7	6	1	2	9	8	5	4	3
8	5	9	3	6	4	2	1	7
3	4	2	1	5	7	8	6	9

Puzzle 142

7	5	3	9	4	6	1	8	2
8	6	2	5	3	1	9	4	7
1	4	9	8	7	2	5	6	3
5	2	8	1	6	3	4	7	9
3	9	4	7	2	8	6	5	1
6	7	1	4	5	9	2	3	8
9	8	7	6	1	5	3	2	4
2	1	6	3	8	4	7	9	5
4	3	5	2	9	7	8	1	6

Puzzle 143

1	7	8	9	3	6	2	5	4
5	2	9	4	8	7	1	3	6
4	3	6	2	1	5	8	9	7
8	5	4	1	6	3	7	2	9
2	9	7	8	5	4	6	1	3
6	1	3	7	9	2	4	8	5
7	4	5	3	2	1	9	6	8
3	8	2	6	4	9	5	7	1
9	6	1	5	7	8	3	4	2

Puzzle 144

7	6	4	3	5	2	9	8	1
1	5	8	9	4	7	3	2	6
3	9	2	6	1	8	5	4	7
4	8	3	1	6	9	7	5	2
6	7	5	8	2	3	1	9	4
2	1	9	5	7	4	6	3	8
8	2	6	7	3	5	4	1	9
5	4	1	2	9	6	8	7	3
9	3	7	4	8	1	2	6	5

Puzzle 145

4	7	5	3	8	9	1	6	2
1	2	8	5	6	4	3	7	9
3	9	6	1	2	7	4	5	8
2	6	1	9	3	8	5	4	7
8	5	4	2	7	6	9	3	1
9	3	7	4	5	1	2	8	6
5	8	9	6	1	3	7	2	4
6	4	2	7	9	5	8	1	3
7	1	3	8	4	2	6	9	5

Puzzle 146

6	1	5	7	4	2	9	8	3
9	8	2	6	3	1	5	7	4
4	3	7	8	5	9	2	6	1
8	9	4	3	7	6	1	2	5
7	2	1	5	9	8	3	4	6
3	5	6	1	2	4	8	9	7
5	7	8	2	6	3	4	1	9
1	6	9	4	8	5	7	3	2
2	4	3	9	1	7	6	5	8

Puzzle 147

8	4	9	7	2	3	1	6	5
5	6	2	9	1	8	7	3	4
1	7	3	6	4	5	2	8	9
9	8	7	5	6	4	3	1	2
3	1	6	2	7	9	4	5	8
2	5	4	8	3	1	9	7	6
4	3	8	1	5	2	6	9	7
6	9	1	4	8	7	5	2	3
7	2	5	3	9	6	8	4	1

Puzzle 148

2	6	8	1	3	5	4	7	9
7	9	1	2	4	8	5	3	6
3	5	4	9	7	6	8	2	1
9	7	2	3	6	4	1	5	8
4	1	5	8	2	7	6	9	3
8	3	6	5	1	9	2	4	7
5	2	3	7	8	1	9	6	4
6	8	7	4	9	2	3	1	5
1	4	9	6	5	3	7	8	2

Puzzle 149

3	4	6	9	8	7	2	1	5
5	2	9	6	1	3	4	8	7
8	7	1	5	2	4	9	3	6
7	1	3	8	4	5	6	9	2
9	5	2	3	7	6	1	4	8
6	8	4	2	9	1	5	7	3
4	9	5	7	6	8	3	2	1
1	3	8	4	5	2	7	6	9
2	6	7	1	3	9	8	5	4

Puzzle 150

4	1	3	9	2	8	6	7	5
2	7	8	6	5	4	3	9	1
9	5	6	1	7	3	2	8	4
1	8	9	7	3	6	4	5	2
3	2	4	8	9	5	1	6	7
7	6	5	4	1	2	9	3	8
6	9	7	5	4	1	8	2	3
8	3	1	2	6	7	5	4	9
5	4	2	3	8	9	7	1	6

Puzzle 151

2	3	8	9	5	6	1	4	7
9	7	6	3	1	4	5	8	2
4	1	5	2	7	8	9	6	3
7	4	9	8	3	1	2	5	6
3	5	1	6	2	7	8	9	4
6	8	2	4	9	5	3	7	1
5	2	4	7	8	3	6	1	9
8	6	3	1	4	9	7	2	5
1	9	7	5	6	2	4	3	8

Puzzle 152

1	6	2	7	4	3	5	8	9
8	5	3	9	1	6	4	2	7
9	4	7	5	8	2	1	3	6
2	8	6	1	5	4	9	7	3
5	9	1	2	3	7	6	4	8
7	3	4	6	9	8	2	5	1
4	2	9	3	7	1	8	6	5
3	1	8	4	6	5	7	9	2
6	7	5	8	2	9	3	1	4

Puzzle 153

9	5	6	7	8	2	1	3	4
3	7	1	4	5	9	8	6	2
2	8	4	6	1	3	9	7	5
6	4	7	3	9	5	2	8	1
5	1	3	8	2	6	4	9	7
8	2	9	1	7	4	6	5	3
1	3	8	9	4	7	5	2	6
7	9	5	2	6	1	3	4	8
4	6	2	5	3	8	7	1	9

Puzzle 154

6	4	8	1	9	7	5	3	2
2	1	7	3	8	5	4	9	6
9	3	5	2	4	6	8	1	7
7	8	6	4	5	1	9	2	3
1	2	4	9	3	8	6	7	5
3	5	9	7	6	2	1	8	4
8	6	1	5	2	3	7	4	9
5	9	2	8	7	4	3	6	1
4	7	3	6	1	9	2	5	8

Puzzle 155

4	8	5	2	1	3	6	9	7
7	2	6	4	9	8	5	3	1
1	9	3	5	7	6	8	4	2
8	7	4	6	3	5	2	1	9
6	1	9	8	2	7	4	5	3
5	3	2	9	4	1	7	8	6
3	6	1	7	5	4	9	2	8
2	5	7	1	8	9	3	6	4
9	4	8	3	6	2	1	7	5

Puzzle 156

5	9	3	7	1	2	8	6	4
8	6	2	5	9	4	7	1	3
1	7	4	8	3	6	9	2	5
3	5	6	1	7	9	4	8	2
4	1	8	6	2	5	3	9	7
9	2	7	3	4	8	1	5	6
7	4	5	2	8	1	6	3	9
2	3	1	9	6	7	5	4	8
6	8	9	4	5	3	2	7	1

Puzzle 157

5	4	6	2	8	7	1	3	9
3	8	9	4	5	1	7	6	2
2	7	1	9	3	6	8	4	5
6	9	7	1	2	5	4	8	3
4	3	2	6	9	8	5	7	1
1	5	8	7	4	3	2	9	6
9	1	3	8	7	2	6	5	4
8	6	4	5	1	9	3	2	7
7	2	5	3	6	4	9	1	8

Puzzle 158

8	7	5	4	2	6	1	3	9
2	4	1	8	3	9	6	5	7
6	9	3	1	7	5	2	4	8
4	6	7	9	1	3	8	2	5
5	8	2	7	6	4	9	1	3
1	3	9	5	8	2	4	7	6
3	2	4	6	5	8	7	9	1
9	1	6	3	4	7	5	8	2
7	5	8	2	9	1	3	6	4

Puzzle 159

7	1	3	5	8	4	6	2	9
9	2	4	3	1	6	5	7	8
5	8	6	9	2	7	3	4	1
4	7	2	6	3	9	8	1	5
6	5	8	7	4	1	2	9	3
1	3	9	8	5	2	4	6	7
2	4	5	1	9	3	7	8	6
3	9	7	4	6	8	1	5	2
8	6	1	2	7	5	9	3	4

Puzzle 160

4	9	3	8	2	5	7	1	6
6	2	7	9	3	1	5	4	8
8	1	5	6	4	7	9	3	2
7	6	8	1	9	4	3	2	5
2	5	9	7	8	3	4	6	1
3	4	1	5	6	2	8	9	7
9	8	4	2	5	6	1	7	3
1	3	2	4	7	8	6	5	9
5	7	6	3	1	9	2	8	4

Puzzle 161

3	4	1	5	9	7	2	6	8
8	6	2	4	3	1	5	7	9
5	9	7	2	6	8	4	1	3
1	5	9	3	8	6	7	4	2
7	2	8	1	4	5	9	3	6
4	3	6	7	2	9	8	5	1
2	8	3	6	7	4	1	9	5
9	1	4	8	5	3	6	2	7
6	7	5	9	1	2	3	8	4

Puzzle 162

2	8	7	4	1	5	9	3	6
6	5	1	3	2	9	7	8	4
9	3	4	8	6	7	5	1	2
1	2	5	7	3	6	8	4	9
8	9	6	1	5	4	2	7	3
7	4	3	9	8	2	1	6	5
5	1	2	6	7	3	4	9	8
4	6	8	2	9	1	3	5	7
3	7	9	5	4	8	6	2	1

Puzzle 163

7	5	2	8	9	3	4	1	6
4	3	6	1	5	7	8	9	2
8	9	1	2	6	4	7	5	3
1	2	3	5	7	9	6	8	4
6	7	9	4	1	8	2	3	5
5	4	8	6	3	2	1	7	9
9	8	5	7	4	6	3	2	1
2	1	4	3	8	5	9	6	7
3	6	7	9	2	1	5	4	8

Puzzle 164

3	4	9	8	6	5	1	2	7
1	5	8	2	9	7	3	4	6
6	2	7	1	4	3	8	5	9
8	3	4	9	7	1	5	6	2
2	9	1	4	5	6	7	8	3
7	6	5	3	2	8	9	1	4
4	8	3	6	1	9	2	7	5
9	7	2	5	8	4	6	3	1
5	1	6	7	3	2	4	9	8

Puzzle 165

4	3	5	9	8	7	6	1	2
6	2	8	3	1	5	4	7	9
9	1	7	6	2	4	8	3	5
8	5	9	1	7	2	3	6	4
7	4	3	8	6	9	5	2	1
2	6	1	4	5	3	9	8	7
3	8	2	5	9	1	7	4	6
5	7	6	2	4	8	1	9	3
1	9	4	7	3	6	2	5	8

Puzzle 166

2	6	3	9	4	7	5	1	8
1	5	8	3	2	6	4	9	7
9	7	4	5	1	8	3	6	2
7	3	5	8	6	2	1	4	9
4	9	1	7	3	5	8	2	6
6	8	2	4	9	1	7	3	5
5	1	9	6	7	4	2	8	3
8	2	6	1	5	3	9	7	4
3	4	7	2	8	9	6	5	1

5	2	9	3	7	1	4	6	8
6	4	3	2	8	5	7	1	9
7	1	8	4	6	9	2	5	3
8	5	4	7	1	3	9	2	6
9	7	2	6	4	8	5	3	1
3	6	1	5	9	2	8	4	7
2	9	6	1	5	7	3	8	4
1	8	5	9	3	4	6	7	2
4	3	7	8	2	6	1	9	5

Puzzle 167

3	1	4	9	8	6	2	7	5
9	7	5	4	2	3	1	6	8
8	2	6	7	1	5	3	9	4
2	9	3	5	7	1	8	4	6
4	6	7	3	9	8	5	2	1
5	8	1	6	4	2	7	3	9
6	3	2	8	5	9	4	1	7
7	5	9	1	3	4	6	8	2
1	4	8	2	6	7	9	5	3

Puzzle 168

4	3	7	9	6	1	5	2	8
5	2	8	4	7	3	1	6	9
1	6	9	8	5	2	3	7	4
2	8	5	6	9	7	4	3	1
6	4	1	3	2	8	9	5	7
7	9	3	5	1	4	6	8	2
8	5	6	2	4	9	7	1	3
9	1	2	7	3	5	8	4	6
3	7	4	1	8	6	2	9	5

Puzzle 169

8	9	3	4	1	2	5	7	6
6	1	7	5	3	8	2	4	9
5	2	4	7	6	9	8	3	1
4	3	8	1	9	5	7	6	2
7	5	2	6	4	3	1	9	8
1	6	9	8	2	7	3	5	4
2	4	6	3	5	1	9	8	7
3	7	1	9	8	4	6	2	5
9	8	5	2	7	6	4	1	3

Puzzle 170

7	5	4	3	8	9	1	2	6
8	6	9	2	1	5	3	7	4
1	3	2	4	7	6	9	8	5
4	9	7	5	2	1	8	6	3
5	8	6	9	3	7	4	1	2
2	1	3	8	6	4	5	9	7
9	7	1	6	5	3	2	4	8
6	2	5	1	4	8	7	3	9
3	4	8	7	9	2	6	5	1

Puzzle 171

6	9	2	5	8	4	1	7	3
7	3	1	6	2	9	4	8	5
4	5	8	1	3	7	6	2	9
3	6	5	4	9	8	2	1	7
9	8	7	2	5	1	3	4	6
1	2	4	7	6	3	9	5	8
8	7	3	9	1	2	5	6	4
5	1	9	8	4	6	7	3	2
2	4	6	3	7	5	8	9	1

Puzzle 172

5	9	3	2	4	6	1	8	7
1	7	4	8	5	3	2	9	6
6	2	8	1	9	7	5	4	3
3	5	1	7	6	4	9	2	8
2	6	9	5	8	1	7	3	4
8	4	7	3	2	9	6	5	1
4	3	2	6	1	5	8	7	9
7	8	6	9	3	2	4	1	5
9	1	5	4	7	8	3	6	2

Puzzle 173

2	4	9	6	7	1	3	5	8
1	3	8	2	4	5	6	7	9
5	7	6	3	8	9	1	4	2
8	6	2	4	5	7	9	3	1
9	5	3	1	2	8	7	6	4
7	1	4	9	3	6	2	8	5
4	2	1	5	6	3	8	9	7
6	9	7	8	1	4	5	2	3
3	8	5	7	9	2	4	1	6

Puzzle 174

2	6	3	8	7	1	4	9	5
9	8	7	4	2	5	3	1	6
4	1	5	6	9	3	7	2	8
7	3	1	5	6	9	2	8	4
6	2	8	7	3	4	9	5	1
5	9	4	2	1	8	6	3	7
1	7	2	9	8	6	5	4	3
3	5	6	1	4	2	8	7	9
8	4	9	3	5	7	1	6	2

Puzzle 175

8	4	7	6	5	9	2	3	1
9	6	3	1	2	7	4	5	8
5	1	2	4	3	8	7	6	9
2	8	9	5	7	1	3	4	6
4	5	1	3	8	6	9	7	2
3	7	6	2	9	4	8	1	5
1	3	8	9	4	5	6	2	7
7	2	5	8	6	3	1	9	4
6	9	4	7	1	2	5	8	3

Puzzle 176

Puzzle 177

6	8	7	1	3	5	2	4	9
4	9	1	7	6	2	3	5	8
2	5	3	9	4	8	1	7	6
9	3	8	5	7	1	4	6	2
5	4	2	6	8	9	7	1	3
7	1	6	4	2	3	8	9	5
3	6	9	2	1	7	5	8	4
8	7	5	3	9	4	6	2	1
1	2	4	8	5	6	9	3	7

Puzzle 178

6	3	7	4	5	1	2	8	9
8	4	9	2	7	3	6	5	1
2	1	5	9	6	8	3	4	7
4	9	6	3	8	2	7	1	5
1	5	8	7	4	6	9	3	2
7	2	3	1	9	5	8	6	4
5	8	1	6	2	7	4	9	3
3	7	4	8	1	9	5	2	6
9	6	2	5	3	4	1	7	8

Puzzle 179

5	1	3	2	6	8	4	9	7
6	7	9	3	4	1	2	5	8
4	2	8	7	5	9	1	3	6
1	9	6	8	7	4	3	2	5
3	5	2	9	1	6	7	8	4
8	4	7	5	2	3	6	1	9
7	3	5	4	8	2	9	6	1
2	6	4	1	9	5	8	7	3
9	8	1	6	3	7	5	4	2

Puzzle 180

4	1	6	7	8	9	3	5	2
3	7	2	4	5	1	8	9	6
5	8	9	2	3	6	4	7	1
1	4	8	6	7	5	2	3	9
2	9	5	3	1	4	6	8	7
6	3	7	8	9	2	1	4	5
7	2	1	9	4	3	5	6	8
8	5	3	1	6	7	9	2	4
9	6	4	5	2	8	7	1	3

2	3	5	9	4	6	8	1	7
1	9	6	8	7	3	4	5	2
8	4	7	2	1	5	9	6	3
4	7	3	1	8	9	5	2	6
6	2	8	7	5	4	3	9	1
9	5	1	6	3	2	7	4	8
3	6	4	5	2	7	1	8	9
5	8	2	3	9	1	6	7	4
7	1	9	4	6	8	2	3	5

Puzzle 181

9	8	6	3	2	4	5	1	7
7	5	3	1	9	8	2	4	6
2	4	1	6	7	5	9	3	8
6	3	2	8	1	9	7	5	4
8	7	5	4	6	2	1	9	3
4	1	9	5	3	7	8	6	2
5	9	4	7	8	3	6	2	1
3	6	7	2	5	1	4	8	9
1	2	8	9	4	6	3	7	5

Puzzle 182

5	2	1	9	8	6	7	3	4
3	6	4	1	7	2	8	5	9
8	7	9	3	5	4	6	2	1
9	3	2	7	4	5	1	6	8
4	8	6	2	1	3	9	7	5
1	5	7	6	9	8	2	4	3
6	4	5	8	2	1	3	9	7
7	1	3	5	6	9	4	8	2
2	9	8	4	3	7	5	1	6

Puzzle 183

6	3	9	7	4	5	1	2	8
5	1	2	9	3	8	6	7	4
4	7	8	6	2	1	9	3	5
2	9	6	5	1	4	7	8	3
8	5	7	3	9	6	4	1	2
1	4	3	2	8	7	5	9	6
9	6	5	8	7	2	3	4	1
3	2	4	1	6	9	8	5	7
7	8	1	4	5	3	2	6	9

Puzzle 184

Puzzle 185

2	5	1	8	9	7	3	6	4
3	7	6	1	2	4	9	5	8
8	4	9	6	3	5	1	7	2
9	8	5	4	6	1	2	3	7
1	3	2	7	5	9	4	8	6
4	6	7	2	8	3	5	9	1
5	2	4	3	7	6	8	1	9
6	9	8	5	1	2	7	4	3
7	1	3	9	4	8	6	2	5

Puzzle 186

2	8	6	7	4	3	5	1	9
5	1	9	6	8	2	4	3	7
4	3	7	1	9	5	2	6	8
3	7	1	2	5	4	9	8	6
8	6	5	3	7	9	1	4	2
9	4	2	8	6	1	3	7	5
6	5	4	9	3	7	8	2	1
1	9	8	4	2	6	7	5	3
7	2	3	5	1	8	6	9	4

Puzzle 187

2	3	1	9	5	8	6	4	7
7	6	8	2	4	3	9	1	5
9	4	5	6	1	7	8	2	3
8	2	4	1	6	5	3	7	9
3	7	9	8	2	4	5	6	1
5	1	6	3	7	9	2	8	4
6	8	3	4	9	1	7	5	2
4	9	7	5	8	2	1	3	6
1	5	2	7	3	6	4	9	8

Puzzle 188

9	1	8	4	5	2	7	3	6
5	4	6	7	1	3	8	2	9
3	2	7	6	8	9	4	1	5
2	8	1	5	7	4	9	6	3
6	3	9	8	2	1	5	7	4
7	5	4	9	3	6	1	8	2
8	6	5	2	9	7	3	4	1
1	9	2	3	4	8	6	5	7
4	7	3	1	6	5	2	9	8

Puzzle 189

4	6	5	1	2	8	7	3	9
3	9	7	4	6	5	1	2	8
2	8	1	7	3	9	4	5	6
9	3	6	5	4	1	8	7	2
1	5	4	8	7	2	6	9	3
7	2	8	3	9	6	5	1	4
5	7	9	6	8	3	2	4	1
8	4	2	9	1	7	3	6	5
6	1	3	2	5	4	9	8	7

Puzzle 190

9	1	7	6	4	5	8	3	2
4	3	6	1	2	8	7	5	9
5	8	2	7	3	9	6	1	4
6	4	5	3	1	2	9	8	7
1	2	8	9	7	4	3	6	5
3	7	9	8	5	6	2	4	1
8	6	1	4	9	7	5	2	3
7	5	3	2	6	1	4	9	8
2	9	4	5	8	3	1	7	6

Puzzle 191

4	9	7	8	6	3	2	5	1
1	2	5	9	7	4	8	6	3
3	6	8	5	1	2	7	9	4
6	5	9	4	3	7	1	2	8
8	3	2	1	5	9	4	7	6
7	1	4	6	2	8	9	3	5
5	8	6	2	9	1	3	4	7
2	4	3	7	8	6	5	1	9
9	7	1	3	4	5	6	8	2

Puzzle 192

7	6	2	3	5	4	9	8	1
3	9	5	8	1	6	2	4	7
8	4	1	9	2	7	6	5	3
9	7	6	1	3	5	4	2	8
5	3	8	4	6	2	1	7	9
2	1	4	7	8	9	5	3	6
4	5	3	6	7	1	8	9	2
6	2	7	5	9	8	3	1	4
1	8	9	2	4	3	7	6	5

Puzzle 193

5	7	9	1	6	4	3	8	2
6	4	8	2	3	7	1	9	5
1	2	3	8	9	5	7	6	4
3	5	4	6	2	1	9	7	8
9	8	6	7	4	3	2	5	1
2	1	7	5	8	9	4	3	6
4	9	1	3	5	6	8	2	7
8	3	5	4	7	2	6	1	9
7	6	2	9	1	8	5	4	3

Puzzle 194

9	6	8	2	4	1	7	3	5
7	4	5	6	3	9	2	8	1
2	1	3	8	7	5	9	6	4
4	9	2	7	8	3	5	1	6
3	5	6	9	1	4	8	2	7
8	7	1	5	6	2	4	9	3
5	2	7	1	9	6	3	4	8
1	8	4	3	2	7	6	5	9
6	3	9	4	5	8	1	7	2

Puzzle 195

1	8	4	3	7	5	9	2	6
2	5	6	1	9	8	3	7	4
7	3	9	4	2	6	5	8	1
6	9	7	8	4	1	2	5	3
3	1	5	2	6	7	8	4	9
4	2	8	5	3	9	6	1	7
9	4	1	6	5	2	7	3	8
5	7	3	9	8	4	1	6	2
8	6	2	7	1	3	4	9	5

Puzzle 196

6	8	4	9	5	2	3	7	1
2	9	3	6	1	7	8	4	5
1	7	5	8	3	4	9	6	2
3	5	9	2	4	6	1	8	7
7	6	2	1	9	8	4	5	3
8	4	1	5	7	3	2	9	6
4	2	6	7	8	1	5	3	9
9	3	7	4	2	5	6	1	8
5	1	8	3	6	9	7	2	4

Puzzle 197

2	8	1	9	7	6	4	3	5
9	3	7	4	5	1	6	2	8
5	4	6	2	8	3	9	1	7
7	5	8	1	2	9	3	6	4
3	1	2	5	6	4	8	7	9
4	6	9	7	3	8	1	5	2
6	2	3	8	9	7	5	4	1
1	9	5	3	4	2	7	8	6
8	7	4	6	1	5	2	9	3

Puzzle 198

6	7	1	8	9	3	5	2	4
5	4	9	1	2	7	6	8	3
3	8	2	5	6	4	9	1	7
9	5	8	7	3	6	2	4	1
7	1	6	4	8	2	3	9	5
2	3	4	9	1	5	8	7	6
1	9	5	3	4	8	7	6	2
4	6	7	2	5	9	1	3	8
8	2	3	6	7	1	4	5	9

Puzzle 199

1	9	2	8	7	5	6	4	3
5	3	6	4	2	1	8	7	9
4	8	7	9	3	6	5	2	1
9	2	8	7	6	4	3	1	5
6	5	3	1	8	2	7	9	4
7	4	1	3	5	9	2	6	8
3	7	9	2	1	8	4	5	6
8	1	5	6	4	7	9	3	2
2	6	4	5	9	3	1	8	7

Puzzle 200

4	7	6	5	9	1	2	8	3
9	3	2	8	6	7	4	5	1
1	8	5	3	4	2	9	7	6
5	2	4	1	7	3	8	6	9
8	6	7	4	5	9	3	1	2
3	1	9	2	8	6	5	4	7
2	9	8	6	1	4	7	3	5
7	5	1	9	3	8	6	2	4
6	4	3	7	2	5	1	9	8

4	5	7	8	2	9	1	3	6
6	2	3	7	4	1	9	8	5
1	9	8	5	6	3	7	2	4
8	4	1	3	5	6	2	7	9
9	7	2	1	8	4	6	5	3
3	6	5	2	9	7	4	1	8
5	8	6	4	7	2	3	9	1
2	3	9	6	1	8	5	4	7
7	1	4	9	3	5	8	6	2

Puzzle 201

9	8	2	5	7	1	4	3	6
6	7	4	2	3	9	1	5	8
5	3	1	4	8	6	2	7	9
2	1	6	3	5	8	7	9	4
4	5	8	6	9	7	3	1	2
7	9	3	1	4	2	8	6	5
3	2	5	9	1	4	6	8	7
8	6	9	7	2	3	5	4	1
1	4	7	8	6	5	9	2	3

Puzzle 202

4	1	8	9	3	7	6	5	2
5	6	7	2	4	8	3	1	9
3	9	2	6	1	5	7	8	4
1	5	3	8	9	4	2	6	7
2	8	6	5	7	3	4	9	1
7	4	9	1	2	6	5	3	8
6	2	5	7	8	9	1	4	3
8	7	4	3	5	1	9	2	6
9	3	1	4	6	2	8	7	5

Puzzle 203

2	1	7	9	5	8	6	4	3
6	3	9	4	2	1	8	5	7
4	8	5	3	7	6	1	2	9
1	7	6	2	4	5	9	3	8
3	9	2	1	8	7	4	6	5
5	4	8	6	9	3	7	1	2
9	5	4	7	6	2	3	8	1
7	2	1	8	3	4	5	9	6
8	6	3	5	1	9	2	7	4

Puzzle 204

Puzzle 205

1	3	2	6	9	5	8	7	4
5	7	6	4	3	8	1	9	2
9	4	8	1	7	2	6	5	3
4	9	5	3	1	7	2	8	6
2	6	3	5	8	9	4	1	7
7	8	1	2	4	6	5	3	9
8	2	7	9	5	4	3	6	1
6	1	9	8	2	3	7	4	5
3	5	4	7	6	1	9	2	8

Puzzle 206

6	8	1	7	4	2	5	9	3
9	2	3	8	5	6	4	1	7
7	5	4	3	9	1	2	6	8
3	9	8	2	1	4	7	5	6
2	6	5	9	7	3	8	4	1
1	4	7	6	8	5	3	2	9
5	1	9	4	3	8	6	7	2
4	3	6	1	2	7	9	8	5
8	7	2	5	6	9	1	3	4

Puzzle 207

4	7	3	8	5	2	1	9	6
1	2	6	7	9	3	8	4	5
8	5	9	4	6	1	7	3	2
5	4	7	9	1	8	2	6	3
3	6	8	2	4	5	9	7	1
9	1	2	6	3	7	5	8	4
6	3	5	1	8	9	4	2	7
2	9	4	5	7	6	3	1	8
7	8	1	3	2	4	6	5	9

Puzzle 208

9	4	5	3	7	1	6	2	8
2	7	6	5	8	9	3	1	4
3	1	8	2	4	6	9	5	7
1	8	4	7	9	3	5	6	2
6	5	2	4	1	8	7	3	9
7	9	3	6	2	5	4	8	1
4	3	7	8	5	2	1	9	6
5	2	9	1	6	4	8	7	3
8	6	1	9	3	7	2	4	5

Puzzle 209

5	1	4	6	3	7	8	2	9
2	9	8	5	4	1	6	3	7
3	7	6	2	8	9	5	4	1
4	2	3	1	6	8	9	7	5
7	8	5	9	2	3	4	1	6
1	6	9	7	5	4	2	8	3
9	4	2	3	1	5	7	6	8
8	3	7	4	9	6	1	5	2
6	5	1	8	7	2	3	9	4

Puzzle 210

5	7	1	6	2	9	3	4	8
4	8	3	5	7	1	6	9	2
6	9	2	3	4	8	1	5	7
8	5	9	4	1	2	7	3	6
3	4	6	7	8	5	2	1	9
1	2	7	9	3	6	4	8	5
7	6	8	1	9	3	5	2	4
9	1	4	2	5	7	8	6	3
2	3	5	8	6	4	9	7	1

Puzzle 211

2	9	6	8	7	3	5	4	1
8	7	5	4	6	1	9	3	2
4	3	1	5	9	2	7	6	8
5	8	4	2	1	6	3	9	7
9	2	3	7	5	4	8	1	6
1	6	7	3	8	9	4	2	5
6	5	9	1	4	8	2	7	3
3	4	8	6	2	7	1	5	9
7	1	2	9	3	5	6	8	4

Puzzle 212

2	9	1	7	4	8	3	6	5
5	4	3	2	6	1	9	7	8
7	6	8	9	3	5	1	2	4
6	7	9	4	1	3	8	5	2
4	8	2	5	9	7	6	1	3
1	3	5	8	2	6	4	9	7
3	5	6	1	7	4	2	8	9
9	1	7	3	8	2	5	4	6
8	2	4	6	5	9	7	3	1

3	2	6	7	1	4	8	5	9
4	5	8	3	9	6	7	1	2
1	7	9	5	8	2	4	6	3
8	6	3	2	5	9	1	7	4
9	1	5	8	4	7	3	2	6
2	4	7	6	3	1	9	8	5
7	3	4	1	2	5	6	9	8
6	9	2	4	7	8	5	3	1
5	8	1	9	6	3	2	4	7

Puzzle 213

8	3	1	7	9	4	6	2	5
5	4	6	1	8	2	3	7	9
2	9	7	5	3	6	1	8	4
6	1	4	8	7	5	9	3	2
7	8	9	2	6	3	4	5	1
3	5	2	4	1	9	7	6	8
9	2	5	6	4	7	8	1	3
1	6	3	9	5	8	2	4	7
4	7	8	3	2	1	5	9	6

Puzzle 214

3	6	5	9	2	1	8	4	7
9	4	1	5	7	8	3	6	2
7	2	8	3	6	4	1	5	9
6	7	4	8	1	3	2	9	5
1	9	2	7	4	5	6	3	8
8	5	3	2	9	6	7	1	4
2	8	6	1	5	9	4	7	3
4	3	9	6	8	7	5	2	1
5	1	7	4	3	2	9	8	6

Puzzle 215

7	8	1	2	4	6	3	5	9
4	9	3	5	1	8	7	2	6
2	6	5	7	3	9	1	4	8
5	1	2	3	6	7	9	8	4
9	7	4	8	5	1	2	6	3
6	3	8	4	9	2	5	1	7
3	2	9	1	8	4	6	7	5
8	5	7	6	2	3	4	9	1
1	4	6	9	7	5	8	3	2

Puzzle 216

Puzzle 217

2	3	7	8	5	1	4	6	9
6	9	1	3	4	7	8	5	2
5	4	8	2	9	6	1	7	3
9	5	4	6	1	2	7	3	8
7	6	2	5	3	8	9	1	4
8	1	3	4	7	9	5	2	6
3	7	6	9	8	5	2	4	1
4	8	5	1	2	3	6	9	7
1	2	9	7	6	4	3	8	5

Puzzle 218

2	9	3	5	7	6	1	8	4
4	5	8	2	1	9	7	6	3
6	1	7	8	4	3	2	9	5
5	3	2	4	9	1	8	7	6
8	7	1	6	3	5	9	4	2
9	4	6	7	2	8	5	3	1
1	6	4	9	5	7	3	2	8
3	8	9	1	6	2	4	5	7
7	2	5	3	8	4	6	1	9

Puzzle 219

7	5	9	6	1	4	3	2	8
2	1	3	8	5	7	4	9	6
6	8	4	9	3	2	7	1	5
9	6	2	7	4	5	1	8	3
8	7	1	3	9	6	2	5	4
4	3	5	2	8	1	9	6	7
3	4	6	1	2	8	5	7	9
1	9	7	5	6	3	8	4	2
5	2	8	4	7	9	6	3	1

Puzzle 220

9	1	7	6	2	4	5	3	8
4	3	5	9	8	7	6	1	2
2	6	8	3	1	5	9	4	7
7	4	2	5	9	8	1	6	3
3	9	6	1	7	2	8	5	4
8	5	1	4	6	3	7	2	9
5	2	9	7	3	1	4	8	6
1	7	3	8	4	6	2	9	5
6	8	4	2	5	9	3	7	1

2	C	3	8	9	B	6	F	E	G	7	5	1	4	A	D
4	9	A	G	5	8	1	C	3	F	2	D	6	7	E	B
1	D	6	F	3	A	7	E	C	8	4	B	2	9	5	G
5	E	B	7	G	D	4	2	1	6	9	A	8	F	3	C
C	A	7	1	4	6	2	B	D	E	5	9	G	3	F	8
D	B	5	6	C	3	8	G	F	1	A	7	E	2	4	9
E	G	9	2	D	F	A	7	6	4	3	8	C	5	B	1
3	F	8	4	E	1	9	5	G	B	C	2	A	6	D	7
F	7	D	3	6	C	5	1	9	A	G	E	4	B	8	2
B	2	E	C	7	G	F	4	8	3	1	6	5	D	9	A
8	5	1	9	A	E	B	3	2	D	F	4	7	C	G	6
G	6	4	A	2	9	D	8	7	5	B	C	3	E	1	F
9	8	F	5	B	2	3	A	4	C	6	G	D	1	7	E
A	1	G	B	F	7	C	D	5	2	E	3	9	8	6	4
7	3	2	D	1	4	E	6	A	9	8	F	B	G	C	5
6	4	C	E	8	5	G	9	B	7	D	1	F	A	2	3

Puzzle 221

6	4	3	G	1	E	8	D	5	B	7	A	2	F	C	9
C	E	2	8	A	5	7	4	F	9	6	D	1	3	B	G
5	F	1	A	9	6	3	B	C	2	4	G	7	D	8	E
7	9	B	D	G	C	F	2	E	3	1	8	5	A	4	6
D	B	8	F	E	3	6	C	2	G	A	4	9	1	5	7
2	5	E	C	F	8	D	9	7	1	B	3	6	G	A	4
4	A	G	3	B	1	2	7	9	6	5	E	D	8	F	C
1	6	9	7	4	A	G	5	D	8	F	C	3	B	E	2
E	G	A	6	D	B	C	8	3	7	9	1	F	4	2	5
3	D	5	B	7	F	1	A	4	C	G	2	E	9	6	8
F	C	4	9	2	G	E	3	A	5	8	6	B	7	1	D
8	2	7	1	5	4	9	6	B	E	D	F	A	C	G	3
B	1	D	2	8	7	5	E	G	F	C	9	4	6	3	A
G	8	6	5	3	D	A	F	1	4	E	7	C	2	9	B
9	7	F	E	C	2	4	G	6	A	3	B	8	5	D	1
A	3	C	4	6	9	B	1	8	D	2	5	G	E	7	F

Puzzle 222

2	7	4	E	D	3	F	8	5	6	9	G	C	1	A	B
A	B	5	9	C	1	6	2	7	3	D	4	8	E	F	G
8	F	1	D	G	7	B	4	C	2	A	E	5	3	6	9
C	3	6	G	A	5	E	9	1	8	F	B	D	4	7	2
7	9	3	F	E	4	2	G	8	1	C	D	A	5	B	6
6	8	G	1	5	B	3	F	4	A	E	2	9	C	D	7
D	2	E	C	8	A	1	6	9	B	5	7	F	G	4	3
B	5	A	4	7	D	9	C	3	G	6	F	E	2	1	8
5	4	D	6	2	9	8	E	A	C	7	3	1	B	G	F
1	C	B	A	3	G	4	5	6	F	2	8	7	9	E	D
3	G	2	8	1	F	7	D	B	E	4	9	6	A	C	5
9	E	F	7	6	C	A	B	G	D	1	5	3	8	2	4
E	D	7	3	4	6	G	A	2	9	8	C	B	F	5	1
4	1	9	B	F	8	D	7	E	5	G	A	2	6	3	C
F	A	8	5	B	2	C	1	D	4	3	6	G	7	9	E
G	6	C	2	9	E	5	3	F	7	B	1	4	D	8	A

Puzzle 223

7	G	A	E	F	D	6	B	C	4	2	3	5	8	9	1
4	3	1	B	5	9	2	C	G	8	6	F	D	7	A	E
9	5	6	D	8	4	7	G	1	E	A	B	F	2	C	3
8	F	2	C	3	A	1	E	D	5	7	9	6	4	B	G
2	4	D	G	6	B	9	1	8	3	5	7	A	F	E	C
5	7	B	8	A	C	F	D	9	6	E	4	G	1	3	2
6	E	3	1	7	2	G	4	A	D	F	C	9	5	8	B
C	A	9	F	E	8	3	5	B	2	1	G	4	6	D	7
1	2	G	6	4	E	C	7	3	A	8	D	B	9	F	5
B	C	4	3	D	F	5	6	7	G	9	E	1	A	2	8
D	9	F	7	1	G	8	A	5	B	C	2	E	3	6	4
A	8	E	5	2	3	B	9	F	1	4	6	C	G	7	D
E	1	7	A	C	5	4	F	2	9	D	8	3	B	G	6
F	6	5	2	B	7	E	3	4	C	G	A	8	D	1	9
3	D	C	9	G	1	A	8	6	7	B	5	2	E	4	F
G	B	8	4	9	6	D	2	E	F	3	1	7	C	5	A

Puzzle 224

6	G	F	7	C	D	9	B	1	E	A	8	5	3	4	2
C	B	8	4	5	F	A	G	6	2	D	3	9	7	E	1
9	D	A	1	3	E	8	2	7	4	G	5	C	F	6	B
3	5	2	E	6	1	4	7	B	F	C	9	A	8	G	D
D	6	E	5	7	9	C	1	2	3	F	G	4	B	8	A
B	F	1	2	4	A	E	6	8	7	5	C	G	D	9	3
4	7	G	8	D	3	2	5	A	6	9	B	F	E	1	C
A	3	9	C	8	B	G	F	4	1	E	D	7	2	5	6
E	9	4	A	2	C	6	D	3	5	B	F	8	1	7	G
F	C	B	6	E	G	7	8	D	A	4	1	3	9	2	5
G	8	7	3	1	5	B	A	C	9	2	E	6	4	D	F
1	2	5	D	9	4	F	3	G	8	7	6	B	A	C	E
2	A	D	G	F	8	1	9	5	C	3	4	E	6	B	7
5	4	3	9	G	2	D	E	F	B	6	7	1	C	A	8
8	E	6	B	A	7	3	C	9	G	1	2	D	5	F	4
7	1	C	F	B	6	5	4	E	D	8	A	2	G	3	9

Puzzle 225

3	1	A	F	C	9	E	5	8	4	D	G	6	2	B	7
8	G	7	D	4	B	A	F	2	C	E	6	1	3	5	9
B	E	4	6	D	G	2	7	3	9	5	1	C	F	D	A
C	5	2	9	6	3	1	D	B	7	A	F	E	4	8	G
2	F	9	8	7	D	4	1	G	5	3	B	A	E	6	C
7	C	3	A	B	E	5	2	4	6	9	D	F	G	1	8
5	4	G	1	A	F	3	6	E	2	8	C	B	7	9	D
6	D	B	E	G	C	8	9	A	1	F	7	4	5	2	3
A	B	F	2	5	1	G	C	D	8	7	E	3	9	4	6
D	7	5	C	E	4	6	8	9	3	B	A	G	1	F	2
1	9	8	3	F	2	7	B	6	G	C	4	5	D	A	E
4	6	E	G	D	A	9	3	5	F	1	2	8	C	7	B
E	3	1	7	9	6	C	A	F	B	2	5	D	8	G	4
9	2	D	4	1	5	B	E	C	A	G	8	7	6	3	F
F	8	6	B	3	7	D	G	1	E	4	9	2	A	C	5
G	A	C	5	2	8	F	4	7	D	6	3	9	B	E	1

Puzzle 226

8	9	7	F	6	2	D	5	3	4	1	E	A	B	G	C
C	5	3	G	B	8	4	A	2	7	D	6	1	E	9	F
B	4	1	2	E	9	C	3	5	F	A	G	6	8	D	7
D	6	A	E	G	1	F	7	C	B	8	9	2	3	4	5
6	B	E	4	1	C	2	D	8	A	3	5	9	F	7	G
5	G	D	3	F	A	E	4	9	6	7	2	8	C	1	B
1	A	8	9	5	G	7	6	F	C	B	D	3	2	E	4
2	F	C	7	9	3	8	B	G	1	E	4	D	6	5	A
A	2	B	5	4	F	6	1	7	D	G	C	E	9	3	8
7	1	9	D	8	E	B	C	4	5	F	3	G	A	2	6
4	E	G	C	A	5	3	2	6	8	9	1	B	7	F	D
3	8	F	6	7	D	G	9	A	E	2	B	5	4	C	1
E	3	4	B	2	7	1	F	D	G	6	A	C	5	8	9
9	7	5	1	D	4	A	E	B	3	C	8	F	G	6	2
F	D	6	8	C	B	9	G	E	2	5	7	4	1	A	3
G	C	2	A	3	6	5	8	1	9	4	F	7	D	B	E

Puzzle 227

4	E	9	6	G	7	8	1	D	3	A	B	C	F	2	5
5	D	7	G	F	A	3	B	C	6	2	4	E	8	1	9
C	1	2	A	6	5	D	9	F	E	8	G	B	7	4	3
3	F	8	B	E	4	C	2	1	5	7	9	6	A	G	D
7	B	A	4	C	3	6	F	E	D	5	1	2	9	8	G
6	G	E	2	1	8	9	5	4	A	B	C	D	3	F	7
1	5	D	8	A	G	7	E	2	F	9	3	4	C	B	6
9	C	F	3	B	2	4	D	6	7	G	8	1	5	E	A
2	3	6	1	4	F	G	8	7	9	C	E	A	D	5	B
D	7	C	F	5	B	1	A	G	8	6	2	3	4	9	E
E	4	G	9	3	C	2	7	A	B	D	5	8	1	6	F
A	8	B	5	9	D	E	6	3	1	4	F	7	G	C	2
F	6	3	C	7	9	5	4	8	2	E	A	G	B	D	1
8	A	1	7	2	6	B	C	5	G	F	D	9	E	3	4
B	2	4	E	D	1	F	G	9	C	3	7	5	6	A	8
G	9	5	D	8	E	A	3	B	4	1	6	F	2	7	C

Puzzle 228

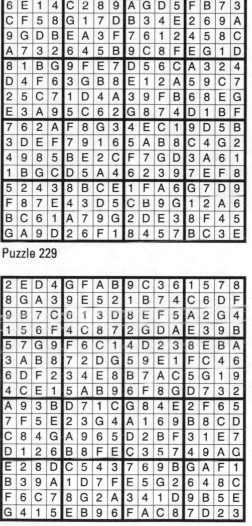

6	E	1	4	C	2	8	9	A	G	D	5	F	B	7	3
C	F	5	8	G	1	7	D	B	3	4	E	2	6	9	A
9	G	D	B	E	A	3	F	7	6	1	2	4	5	8	C
A	7	3	2	6	4	5	B	9	C	8	F	E	G	1	D
8	1	B	G	9	F	E	7	D	5	6	C	A	3	2	4
D	4	F	6	3	G	B	8	E	1	2	A	5	9	C	7
2	5	C	7	1	D	4	A	3	9	F	B	6	8	E	G
E	3	A	9	5	C	6	2	G	8	7	4	D	1	B	F
7	6	2	A	F	8	G	3	4	E	C	1	9	D	5	B
3	D	E	F	7	9	1	6	5	A	B	8	C	4	G	2
4	9	8	5	B	E	2	C	F	7	G	D	3	A	6	1
1	B	G	C	D	5	A	4	6	2	3	9	7	E	F	8
5	2	4	3	8	B	C	E	1	F	A	6	G	7	D	9
F	8	7	E	4	3	D	5	C	B	9	G	1	2	A	6
B	C	6	1	A	7	9	G	2	D	E	3	8	F	4	5
G	A	9	D	2	6	F	1	8	4	5	7	B	C	3	E

Puzzle 229

2	E	D	4	G	F	A	B	9	C	3	6	1	5	7	8
8	G	A	3	9	E	5	2	1	B	7	4	C	6	D	F
9	B	7	C	6	1	3	D	8	E	F	5	A	2	G	4
1	5	6	F	4	C	8	7	2	G	D	A	E	3	9	B
5	7	G	9	F	6	C	1	4	D	2	3	8	E	B	A
3	A	B	8	7	2	D	G	5	9	E	1	F	C	4	6
6	D	F	2	3	4	E	8	B	7	A	C	5	G	1	9
4	C	E	1	5	A	B	9	6	F	8	G	D	7	3	2
A	9	3	B	D	7	1	C	G	8	4	E	2	F	6	5
7	F	5	E	2	3	G	4	A	1	6	9	B	8	C	D
C	8	4	G	A	9	6	5	D	2	B	F	3	1	E	7
D	1	2	6	B	8	F	E	C	3	5	7	4	9	A	G
E	2	8	D	C	5	4	3	7	6	9	B	G	A	F	1
B	3	9	A	1	D	7	F	E	5	G	2	6	4	8	C
F	6	C	7	8	G	2	A	3	4	1	D	9	B	5	E
G	4	1	5	E	B	9	6	F	A	C	8	7	D	2	3

Puzzle 230

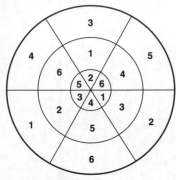

Puzzle 231

Puzzle 232

Puzzle 233

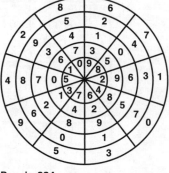

Puzzle 234

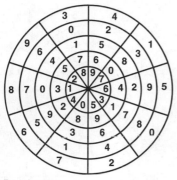

Puzzle 235

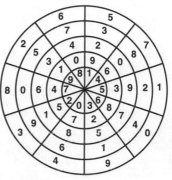

Puzzle 236

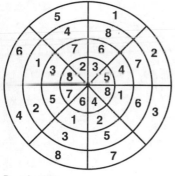

Puzzle 237

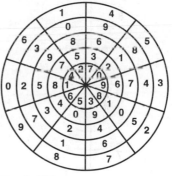

Puzzle 238

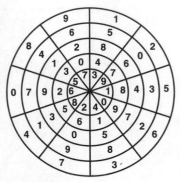

Puzzle 239

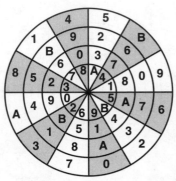

Puzzle 240